楊照——著

對決人生

解讀海明威

楊照
經典學

目次

自序／楊照　7

1 海明威這個人　13

自稱上輩子是印第安人的海明威
海明威熱愛的事物
私人作家排行榜
第一流的記者寫拳擊
讀莎士比亞的拳王
一直不斷地出拳
海明威的對手

2 極簡語言與男性特質 45
簡單到不可思議的語言
混亂狀態的臨場感
沒那麼好模仿的海明威
男性氣概的美學
「太像歌劇了」

3 現代主義中的海明威 67
兩個現代主義的問句
「難，是我故意的！」
九百頁的喃喃自語
立體主義的暗示
不跟著史坦的海明威
第一次世界大戰的傷痕
被逼出來的冰山理論
成為硬漢的原因

4 死亡的誘惑與意義 99
情感革命
中國情感革命的大將
痛罵學生的梁啓超
看待死亡的新方法
賴以生存的生命哲學
完成死亡的意義
突如其來的死亡威脅
沒有說出來的在後面
再也無法大驚小怪

5 《老人與海》與海明威 137
初訪美國的社會學家
有鬼與沒鬼的世界
從「你是誰」到「你做了什麼」
在美國的老人

生死搏鬥的意義
彼此定義的生命糾纏
素樸格外感人的情境
可以被摧毀但不能被打敗
徹底絕望中的一絲溫暖

6

存在上的勇士或懦夫 179
一九五〇年代的美國及東亞
晚安，祝你好運
FBI的胡佛傳奇
被鯊魚環伺的海明威
海明威之死的兩個意義

海明威大事紀／麥田編輯部整理 203

延伸閱讀 207

自序

楊照

一

兩年前的冬天，在日本松島搭觀光船遊覽，一群海鷗隨船繞飛，從遊客手上叼食類似像「蝦味仙」的魚味零食。看著牠們上下飛翔的姿態，我想起了年少時讀過的書《天地一沙鷗》。

原來海鷗的飛翔那麼艱辛、那麼危險。海上的風既是牠們的依憑助力，卻又常常是牠們最大的阻礙。我幾次看到海鷗飛近，卻在喙尖即將碰觸到食物的剎那，卻不得不遠颺而去。要嘛是被風吹開，要嘛是飛行速度趕不上船速，要嘛是怕會撞上船身，不得不放棄食物自保。我也發現海鷗群中有幾隻體型較小的，牠們雖然也不斷繞飛，發出鳴聲，卻很少能夠搶到遊客手指上夾著、或拋向空中的食物。牠們還沒有鍛鍊出夠好的技術，來應付這樣不斷變動的環境，完成高難度的飛行覓食。

原來，海鷗眞的需要練習飛行能力；原來，海鷗的飛行並不是完全天生、理所當然的，更不是每隻海鷗都必然具備同等的飛行技術。

離開松島兩個月後，日本發生了「三一一大地震」，松島所屬的東北海岸首當其衝遭受了大海嘯的襲擊，看到新聞，心中悚然，禁不住祈禱希望那些海鷗的高超飛行技術，能幫助牠們躲過海嘯。

兩年後的冬天，從日本九州熊本搭渡輪前往島原，船上又遇到了隨船繞飛的海鷗。因爲搭的是清晨的渡輪，甲板上空蕩蕩的，只有兩三個船客餵食，得以近距離不受遮障地看清楚每一隻飛過來的海鷗，牠們雪白的翅翼、烏黑的嘴喙，甚至牠們靈動的眼珠。

這回，我想起了海明威。想起了海明威曾經批評紐約，說：「這個城市連鴿子都不願意認眞飛翔。」是的，跟這些海鷗相比，都市裡的鴿子稱不上「飛翔」，更重要的，相較於努力、奮勇對抗海風飛翔的海鷗，鴿子只能是個笑話。

那樣的努力、奮勇對抗中，自有一份尊嚴高貴，從每一隻海鷗的身體、翅翼和臉上表露出來。

二

和女兒去看好萊塢電影，尼可拉斯．凱吉主演的《盜數計時》（*Stolen*）。從電影院出來，女兒問：「為什麼ＦＢＩ的探長要放過凱吉演的那個大盜？」

我的回答是：「因為大盜是他的對手，好幾次打敗他，一個對手那麼強，就算你還是想贏他，卻必定會在心中生出一份敬意，再由敬意中生出一種複雜的情緒——就算眞能打敗他，也不忍心看到他倒楣；再進一步，你就會希望最好不要繼續和他處在這種你死我活的狀況了。」

我不確定女兒懂我的意思，畢竟她只有十四歲，所以我加了一句：「等你讀過海明威的書，多讀一些、多讀幾次，你就了解了。」

我就是從多讀幾本海明威作品，反覆多讀幾次海明威作品，領悟了「對手」的意義；領悟了：人生最高的價值之一，就在曾經面對一個夠格、強悍，逼迫你尊重他，甚至崇拜他的對手。

甚至因為讀海明威的作品，而改變了我看待其他作品的角度。例如說《三國演義》中周瑜臨終的慨歎：「既生瑜，何生亮！」在很多戲劇呈現中，都是讓周瑜咬牙切齒說出的，中間充滿了忌恨。那樣反映出的心情，是恨被諸葛亮打敗了，恨諸葛亮破壞了他原本應有的事業成就。

很早之前，我就常想，難道沒有另外一種周瑜生命情調的可能性？面對像諸葛亮那樣強大、智慧的對手，周瑜不得不承認：這種對抗情境將他逼到了自我能力的極點，死亡來臨之際，他鬆了一口氣，如此就可以不必一定要繼續和諸葛亮鬥下去，死亡讓他離開爭鬥情境，從此和諸葛亮不輸不贏。

當然，這不是《三國演義》中「三氣周瑜」情節的原意，而是我受到海明威感染，產生的不同想像。

三

導演林奕華的新戲《三國：What Is Success》在香港首演時，我到香港「誠品」和他對談。我一開口說《三國》，忍不住還是先說了敵人和對手的差異。

說簡單也很簡單，敵人讓你厭惡，打敗敵人是爲了讓他消失，讓他再也不要來煩你。對手卻讓你尊敬，你完全沒有把握能打敗他，因而打敗他給你帶來至高的成就感，但在打敗他的瞬間，你心中卻湧上一份感激，還好有他。甚至，即使是你被他打敗，你心中仍然有那份感激，謝謝他從你身體裡刺激出那麼大的敵對力量。

現在的人，尤其是透過電動玩具來認知對立狀況的這一代，愈來愈難體會對手的意義與份量。他們眼中看到的，都是敵人，多得不可勝數、等待被消滅的敵人。一場遊戲，就是盡力消滅敵人的過程，中間沒有對手。

也就沒有眞正的對決——海明威式的對決。也就沒有了海明威式，從對手對決中創造出來的生命高峰經驗。從來不知道自己究竟能敬謹地面對多強大的對手，從中學習到多深刻的人生體驗。

四

這是我二〇一〇年在「誠品講堂」講海明威的出發動機。五個星期的課程，以海明威前期的《戰地春夢》和後期的《老人與海》爲主要的解析文本，但更多的時間是用來解釋：在什麼樣的時代背景下，產生了海明威如此特殊的「對決」式人生價值，海明威又以怎樣的文學形式有效地開展了他炫亮的「對決人生」。

我想做的，不是站在海明威的文本與讀者間，叨叨絮絮覆誦情節、瑣碎註解，毋寧是要選擇適當的段落，劈開粗樸的表面，顯現出內中被海明威仔細藏著，卻又散放藏不住的勇氣光輝的那顆文學與生命的核心。

1 海明威這個人

自稱上輩子是印第安人的海明威

一九四〇年代，有一段時間，海明威習慣在給朋友的信末，用一筆劃簡單鈎出三個山峰夾兩個山谷的符號代替簽名，或者該說，以那個符號作爲他的簽名。那代表的是他給自己取的印第安名字，唸作 Three Mountains。

海明威模仿印第安人以大自然現象命名的習俗。他覺得自己和印第安人關係密切，有時甚至說他上輩子是個印第安人。他出版的第一部小說集《在我們的時代》（*In Our Time*）[1]，開頭寫一個名叫尼克（Nick）的少年，在印第安部落附近長大的故事。小說集中最有名的一篇，標題就是「印第安部落」（"Indian Camp"）。

這篇小說描述尼克隨著醫生爸爸前往印第安部落，那裡有個女人難產需要救助。尼克的爸爸在沒有麻藥的情況下，緊急幫難產的印第安女人開刀剖腹，救出了卡在產道上的小孩。過程中女人當然痛得大叫。好不容易最困難的時刻度過了，尼克的爸爸半開玩笑地恭賀自己：「用如此簡陋的工具開刀，這是個值得刊登到醫學期刊上的案例啊！」

然而就在大家放鬆安心下來，感覺將母子從鬼門關前搶救下來時，小說有了完全無從預期的轉折。他們發現在帳篷裡，守在一旁的印第安丈夫死了，他用刀在自己喉嚨上狠狠地切開了一大道口子。顯然在那過程中，丈夫受不了聽到哀嚎、感受煎熬，以及覺得喪失妻兒的災難迫在眉睫的痛苦，他就自殺死了。

經此戲劇性的變化震撼，離開印第安部落的船上，尼克問了爸爸一連串的問題。

「女人生孩子都那麼辛苦嗎？」

「不，那是非常非常少見的。」

「他爲什麼要自殺，爸？」

「我不知道，尼克。他受不了一些事吧，我猜。」

「很多男人自殺嗎，爸？」

「不多，尼克。」

「很多女人？」

1《在我們的時代》是海明威出版於一九二五年的短篇小説集，此前他只於一九二三年出版過詩文集*Three Stories and Ten Poems*。

「幾乎沒有。」
「會有嗎？」
「喔，有。她們有時候會。」
「爸？」
「嗯。」
「喬治叔叔去哪裡了？」
「他不會有問題的。」
「死很難嗎，爸？」
「不，我想應該蠻容易的，尼克。那要看情況。」

這是一段典型的「海明威式」對話。對話的每個句子都很短，而且接連的句子一個比一個短，製造出特殊的節奏。句子短到不能再短的單字，「爸？」「嗯。」，然後岔開來講一件看起來不相干的事，讓讀者喘口氣，接著出現了令人難忘的重點——「Is dying hard, Daddy?」「No, I think it's pretty easy, Nick. It all depends.」很難解釋爲什麼，但如此讀下來，那最後的兩句對話，就留在我們心中，久久不肯離去了。

多年之前，一位海明威的讀者就中了這樣的毒，那是還沒成爲舞者、編舞家，還在寫小說的林懷民。他寫過一篇小說，標題是〈虹外虹〉[2]，小說最前頭，什麼都還沒開始講，在篇名底下，就引用了這兩句話，「Is dying hard, Daddy?」「No, I think it's pretty easy, Nick. It all depends.」。〈虹外虹〉講的是一個年輕人下午到碧潭去游泳，先是救了一個溺水的人，然後竟換做他自己在水中抽筋，只差那麼一點點，他就淹死在水裡了。獲救後，他收拾了東西，搭公車回到台北熱鬧街頭，心中突然湧現出強烈的憤怒，因爲沒有人知道他差點死掉，而且好像也不會有人在乎他才剛經歷了生死交關。「死很難嗎？」不難，還蠻容易的，有時候人莫名其妙就死了，更糟的是，你莫名其妙死了，這個世界還是繼續照常存在運作下去，好像什麼都沒發生過似的。我們該如何理解、面對這樣的情況？

海明威覺得自己跟印第安人很親近，其中一個理由是他非常喜歡打獵，他認同印第安人的狩獵文化。海明威一生熱愛幾件事：射擊（包含打獵）、棒球、拳擊、鬥

2〈虹外虹〉收錄在林懷民中短篇小說集《蟬》，最早由大地出版社出版於一九七四年。現通行版本爲印刻出版公司所出新版。

牛，還有釣魚——不是在溪邊平靜安詳垂釣的那種釣魚，而是出海釣大魚，英文叫game fishing，在海裡尋釣動輒上千磅的大魚。海明威的名著《老人與海》（*The Old Man and the Sea*）[3]，講的是釣魚的故事，駕著一艘小船在茫茫大海裡釣馬林魚。海明威自己釣過的最大的馬林魚，有一千零四十磅重（四百多公斤）。這樣的活動，不是娛樂，是game，是有輸有贏的公平對決。就像印第安人的打獵，不是現代美國人的打獵。而是進到獵物的主場，忍受做為一個人在森林裡種種不利條件，公平地和動物對決。

這些他喜歡的事，打獵、拳擊、棒球、鬥牛和game fishing，有共通之處，都要面對夠強悍、夠格的敵人，也就是說，都必須面對挑戰。這正是海明威基本的生命情調，他最在意、最強調的就是：要是連個像樣的敵人都沒有，那樣的生命是不值得活的。

海明威討厭紐約，對於紐約他說過一句有名的評論：「這個城市出了什麼問題？這裡的鴿子都不會認眞飛翔。」眞的，紐約的鴿子和我們中正紀念堂廣場上的鴿子一樣，牠們都在敷衍，這裡動一下、那裡飛個幾公尺，從來不會認眞地飛，從來不會讓人感覺到牠們是活在空中的動物，不會以牠們飛翔的姿勢與態度感動我們。海明威受不了這樣的鴿子，他受不了敷衍混日子，沒有挑戰、沒有危險。

海明威熱愛的事物

美國女作家Lillian Ross曾經替《紐約客》（*The New Yorker*）雜誌寫過一篇海明威的人物稿。[4] Lillian Ross是個奇才，二十歲就開始在《紐約客》寫稿工作，而且她寫的不是詩、不是小說，而是Profile專題稿，深度採訪報導名人。寫這種稿子，必須熟知受訪人的生平成就，還要能對時代、社會有充分的認識，很難想像一般的二十

3 中篇小說《老人與海》出版於一九五二年，獲得一九五三年美國普立茲文學獎。接著海明威就獲得了一九五四年的諾貝爾文學獎。此書中譯本衆多，較特殊者當屬余光中譯本及張愛玲譯本。余光中譯本二〇一〇年在中國大陸譯林出版社修訂出版，他在新序提及「我譯的《老人和大海》於一九五二年十二月一日迄一九五三年一月二十三日在台北市《大華晚報》上連載，應該是此書最早的中譯；但由重光文藝出版社印成專書，卻在一九五七年十二月，比張愛玲的譯本稍晚。」張愛玲早先被認爲是中文世界最早翻譯《老人與海》的譯者，這也是張愛玲第一本譯著。此譯本最早由中一出版社於一九五二年十二月出版，署名「范思平」。一九五五年後改署名張愛玲翻譯。此一譯本目前收入《張愛玲譯作選二：老人與海．鹿苑長春》（台北：皇冠出版社，二〇一二）。楊照譯本則是中文世界最新譯本。

4 Lillian Ross是出生於一九二六年的美國記者、作家，一九四五年開始爲《紐約客》撰稿。她寫海明威的稿子刊登於一九五〇年五月出版的《紐約客》，標題是"How Do You Like It Now, Gentlemen?"。

歲青年能夠承擔這樣的報導工作吧！

Lillian Ross的早期代表作之一，就是寫海明威。一九四九年，Lillian Ross二十二歲那年寫的。那篇報導，表面上看平淡、單調到倫懶的地步，從頭到尾就只寫了海明威到紐約短暫停留兩天時間，遭遇了什麼事、又說了什麼話。用這種方式寫的報導，發表之後卻引起了很大的爭議。因爲有人，而且是不少人，其中有海明威的忠實粉絲，也有強烈厭惡海明威的人，都覺得在文章中察覺出Lillian Ross的惡意，認定她故意用這種「瑣碎紀錄」的方式，來凸顯海明威是個多麼可笑的人。

不管Lillian Ross怎麼說她寫那篇報導時，心中絕對沒有一點對海明威不敬的惡意，但許多讀者還是堅持用「惡意暴露海明威缺點」的角度讀她的文章，並且因此而讚揚她，或因此而厭棄她。這樣的反應，一部分來自Lillian Ross的鮮活刻畫，不過更大一部分，來自於美國社會對於海明威固有的兩極評價，海明威太特別、太有個性，讓人家很難對他有一般的、持平的看法，要嘛極度喜歡、崇拜他，要嘛極度討厭、鄙視他。

不過對Lillian Ross而言，儘管這麼多人認定她有惡意，至少海明威本人不包括在裡面。報導發表後，她持續跟海明威通信聯絡。在其中一封信裡，她提到了海明威的大兒子約翰，說了幾句好話。回信中，海明威寫著：「哎呀！我很高興妳滿欣賞我兒子的，我也很愛我的兒子。」重點是，他接下去說：「不過我也愛飛機、船、大海、我的姊妹們、我的太太們。」

「我的太太們」，沒錯，是複數。海明威寫這封信時，和第四任太太住在一起，不過跟前三任太太都保持著良好關係。[5]幾個離過婚的人會自然地在句子中間說愛他的「太太們」？信裡的句子還沒完，他又接著說：「我也愛生命和死亡，我也愛早晨、中午、下午、夜晚，我也愛榮耀，我也愛拳擊、游泳、棒球、射擊、釣魚；我也愛閱讀和寫作。我還愛全天下美好的繪畫。」

希望他兒子約翰沒有看到這封信，要不然他一定會很傷心。原來他要和這麼多東西競爭爸爸的愛。海明威有那麼多要愛的，他忙得很，他完全無法忍受生命中有停頓與無聊。

---

5 海明威一生有過四個太太，分別是Elizabeth Hadley Richardson（1921-1927）、Pauline Pfeiffer（1927-1940）、Martha Gellhorn（1940-1945）、Mary Welsh Hemingway（1946-1961）。海明威的三個子女分別是與第一任太太Hadley所生的John（後來改名Jack）及與第二任太太Pauline所生的Patrick、Gregory。

他提到了喜歡拳擊，也喜歡棒球。對拳擊、棒球有興趣、有點認識，會有助於我們閱讀海明威。換個相反方向看，完全不懂拳擊或棒球，那麼海明威某些最精采的想法與寫法，你就接收不到了。海明威寫鬥牛，也寫過有關拳擊的文章，相對地比較少直接寫棒球。不過他會在奇特的地方，神來一筆用上奇特的棒球典故。例如說他評論莫泊桑[6]，他的說法是：莫泊桑永遠都很努力很用力地投球（He always worked very hard and threw hard pitch），而且他投的球都是直球，high fastball inside。這就非得要了解棒球才知道海明威在說什麼了。

他的意思是說這個人他不跟你玩什麼詭計，他是那種總是投快速直球，堂皇氣魄地跟打者對決的投手。沒有什麼花招，也不怕打者先知道、先準備了他要投直球，他的球又快又重，有本事你就打。像Nolan Ryan或Roger Clemens那樣的投手。[7]他們敢投high fastball，就是不怕你打，不閃躲，不是王建民那種「沉球」（或譯「伸卡球」，sinker），總是把球路盡量壓低的投法。他們不怕你打，有本事就把球打出牆外去吧。而且他們敢投high fastball insid（內角快速球）——那是靠近打者，稍微失投會砸到打者頭部的球，他們的態度就是：要打我的球，你們也得夠帶種，不會被這種內角快速球給嚇壞，不閃不躲。海明威用這種方式稱讚莫泊桑。

海明威也講過法國大詩人波特萊爾[8]。他對波特萊爾最美妙的形容只有很短的一句話：「我是從這傢伙身上學到怎麼投指叉球的。」波特萊爾活著的時候，棒球都還沒在美國發明呢！波特萊爾當然沒看過棒球、沒打過棒球，更百分之百不知道「指叉球」是什麼東西，怎麼可能教海明威投「指叉球」？

「指叉球」是什麼？那是split-finger fastball，又稱forkball。把棒球夾在食指和中指之間，然後用和投直球一樣的動作投出去。這種球投出去後，在空中飛行時是不會旋轉的，如果控制得好，就可以讓球在本壘板上空剛好耗盡動能，突然下墜。美國棒球大聯盟歷史上，最傑出的「指叉球」投手，首推從日本跑去闖天下的野茂英

---

6 莫泊桑（Guy de Maupassant, 1850-1893），法國作家，著有六部長篇及超過三百篇短篇小說等豐富作品，被譽爲「短篇小說之王」。最著名的作品是《脂肪球》等作。

7 Nolan Ryan生於一九四七年，美國職棒大聯盟（Major League Baseball）的投手奪三振總數紀錄保持人（五千七百一十四次），生涯三百二十四勝，一九九九年晉升美國棒球名人堂；目前爲ＭＬＢ德州遊騎兵隊總裁。Roger Clemens生於一九六二年，ＭＬＢ知名投手，綽號「火箭人」（The Rocket）。生涯奪三振總數四千六百七十二次，拿下三百五十四勝，得過投手最高榮譽賽揚獎（Cy Young Award）七次。

8 波特萊爾（Charles Pierre Baudelaire, 1821-1867），法國十九世紀最重要的詩人。著有《惡之華》、《巴黎的憂鬱》等。

雄[9]。野茂英雄剛到美國去時，他的「指叉球」引來了對手和記者的一種誇張卻傳神的形容，說他的球會在打者面前，「突然從二樓掉下來」。當時多少大聯盟的強打者，都在和野茂英雄對決時，留下了尷尬的影像紀錄——看他們像模像樣地準備好，猛力將棒子揮出，結果，不只是棒子沒打到球，而且球從棒子底下幾十公分處通過。這就是「指叉球」厲害之處。

「指叉球」那麼有威力，一部分原因在投手出手的動作，和投直球非常接近，方便配合直球使用。前一個球是直球，打者很自然以爲用同樣動作投出的下一個球也會是同樣的直球，用他估計直球進壘的高度很有把握地一揮，慘了，這不是直球，而是突然下墜的「指叉球」。好的投手，讓打者永遠弄不懂眼前飛來的這顆球，到底會直飛進壘，還是會突然下墜。

如果你懂棒球，你又讀過波特萊爾的詩，那你一定跟我一樣，忍不住對海明威這麼短的一句評語拍案叫絕。波特萊爾的詩，從日常的語言與題材中，橫空製造出讓我們驚奇的效果，在醜惡的都會情境中開出詭異瑰麗之美，做爲波特萊爾的讀者，其經驗眞的和站在本壘板前被野茂英雄的「指叉球」眩惑的打者一樣啊！

海明威也用棒球評論另一位法國詩人，在二十歲之前就寫完他一輩子所有詩作的韓波[10]。海明威形容韓波和莫泊桑相反，韓波從來不投直球，每一球出手都是變化球，試圖要欺騙打者。在棒球場上，不投快速直球而投變化球，當然有其必要，不過依照海明威的個性，他顯然是不會喜歡老是投變化球，不願意和打者豪邁對決的投手的。

另外，關於《白鯨記》的作者梅爾維爾[11]，海明威的形容是：「一個球速很快，但控球不佳的左投手。」然後再加一句：「他在所有的球隊都混過，看過所有的事情，知道所有的東西，其實很精采。」他的意思是，梅爾維爾的小說技巧不足，雖然有巨大的力量，卻不懂得如何控制。他就靠自己的先天力量混著，混成了大聯盟裡的老油條，老於世故，沒有什麼會讓他驚慌應付不過來，於是他在技巧上的缺點也就被掩蓋過去了。

這幾個被海明威用棒球投手來比擬評論的作家，四個之中有三個是法國人。海明

9 野茂英雄，生於一九六八年，日本投手。他在一九九五年加入MLB洛杉磯道奇隊，並在該年獲得國家聯盟新人王。大聯盟生涯共拿下一百二十三勝，二〇〇八年退休。

10 韓波（Arthur Rimbaud, 1854-1891），法國著名象徵主義詩人。著有《彩畫集》等。

11 梅爾維爾（Herman Melville, 1819-1891），美國作家，著有《白鯨記》等。

威高中沒畢業，他的法文是自學而來的。他的法文是這麼學的：去歐洲當記者，天天固定查看美聯社的新聞，每一條新聞都有英文版也有法文版，將同樣的新聞對照來讀，讀久了自然就把法文學通了。他就有這樣的本事。

私人作家排行榜

Lillian Ross和海明威通信時，一度請他開一張小說的「必讀書單」。海明威眞的給了一份書單，書單上有莫泊桑的短篇小說，然後列了斯湯達爾的《紅與黑》，接下來是福婁拜的《包法利夫人》、普魯斯特的《追憶逝水年華》、湯瑪斯．曼的《魔山》、杜思妥也夫斯基的《卡拉馬助夫兄弟們》、托爾斯泰的《戰爭與和平》和《安娜．卡列尼娜》，以及霍桑、梅爾維爾、馬克吐溫和亨利．詹姆斯四位美國小說家的作品。[12]書單上另外一本我們可能比較陌生的，是Stephen Crane的*Red Badge of Courage*，這本書寫的是戰爭，而且是海明威自己也很熟悉的第一次世界大戰，出現在書單上也就不令人意外了。

這張書單上列的，主要是十九世紀的小說，除了普魯斯特之外，沒有什麼現代主義小說，沒有喬哀思，也沒有福克納。[13] 海明威自覺地認爲自己和十九世紀古典時代小說有著密切關係，甚至是十九世紀小說傳統的繼承者。不過，這並不意味著他寫的小說，和這些古典大師類似。

---

12 斯湯達爾（Stendhal是筆名，本名Marie-Henri Beyle, 1783-1842），法國作家，代表作是出版於一八三〇年的《紅與黑》；福婁拜（Gustave Flaubert, 1821-1880），法國小說家，出版於一八五七年的《包法利夫人》令其聲名大噪；普魯斯特（Marcel Proust, 1871-1922），法國小說家，生涯代表作是總共七卷的長篇小說《追憶逝水年華》；湯瑪斯．曼（Thomas Mann, 1875-1955），德國小說家，一九二九年諾貝爾文學獎得主，著有《魔山》、《布頓柏魯克世家》、《魂斷威尼斯》等；杜思妥也夫斯基（Fyodor Dostoyevsky, 1821-1881），俄國小說家，著有《卡拉馬助夫兄弟們》、《地下室手記》、《罪與罰》等；托爾斯泰（Leo Tolstoy, 1828-1910），俄國小說家，著有《戰爭與和平》、《安娜．卡列尼娜》等。霍桑（Nathaniel Hawthorne, 1804-1864），美國作家，代表作爲《紅字》；馬克．吐溫（原名Samuel Clemens，筆名Mark Twain, 1835-1910），美國作家，著有《湯姆歷險記》、《頑童流浪記》等；亨利．詹姆斯（Henry James, 1843-1916），美國作家，著有《碧廬冤孽》等。他的兄長是知名的實用主義哲學家、心理學家威廉．詹姆斯（William James, 1842-1910）。

13 喬哀思（James Joyce, 1882-1941），愛爾蘭作家，現代主義文學的代表人物。他最知名的著作是出版於一九二二年的意識流小說《尤利西斯》，另著有《都柏林人》、《一位青年藝術家的畫像》等。福克納（William Faulkner, 1897-1962），美國小說家，一九四九諾貝爾文學獎得主。寫了一系列以密西西比河流域爲背景的長篇小說如《聲音與憤怒》、《我彌留之際》、《八月之光》等多部作品。

他在五十歲時接受另外一次訪問更明確地說出了心目中小說家的排行：「我很年輕時開始寫小說，費了很大的力氣終於超越了屠格涅夫[14]，所以屠格涅夫是他跨過的第一層台階——「我再費了很大的力氣，終於超越了莫泊桑；再經過了很久，我現在有自信可以寫得贏斯湯達爾，但是，仍然在眼前的那個該死的托爾斯泰，那是無法超越的。」想到托爾斯泰，就讓他很不甘心，不過他還帶一絲希望：「除非我繼續像現在這麼努力，而且維持著一直努力，那麼或許還有機會。但如果眞有那麼一天，我超越了托爾斯泰，後面還有莎士比亞！」[15]

然後他對著記者，生氣地罵了那些質疑莎士比亞作品，東說西說這部作品那部作品可能不是莎士比亞寫的人，他覺得這些人莫名其妙，眞正的重點在：「這個人的這些作品，我不管他叫莎士比亞或他叫什麼，唯一有意義的事是——他在我之前把這些作品寫了，讓我一點辦法都沒有。」

這是海明威的私人作家排行榜，從創作角度排列出來的，一個一個等著他去超越的階段。屠格涅夫、莫泊桑、斯湯達爾、托爾斯泰，最上面是莎士比亞。有意思的是他鋪陳這份名單的方式，其實很接近說：「來吧，讓我們在拳擊場上一個一個打出個勝敗來。新來的小子海明威先挑戰屠格涅夫，到了第九回合，前面幾個回合一直挨打的海明威終於反敗爲勝，給了屠格涅夫一個ＫＯ。於是海明威取得了挑戰莫泊桑的資格，經過十二回合的纏鬥，海明威被判定勝利了。然後，他進一步升級和斯湯達爾對決，兩人打得難分難解……」

對於寫作這件事，海明威也常常用拳擊賽來做比喻，他會說：「二十歲的時候，我證明了我自己，得到了一個頭銜；可是到三十歲時，我得繼續去保衛我的頭銜。」這像是在說阿里或福爾曼或泰森，還是Sugar Ray Leonard，[16]在擂台上擊敗對手，歡

---

14 屠格涅夫（Ivan S. Turgenev, 1818-1883），俄國小說家，著有《獵人筆記》、《羅亭》等。

15 這段話的原文是：I started out very quiet, and I beat Mr. Turgenev. Then I trained hard, and I beat Mr. de Maupassant. I've fought two draws with Mr. Stendhal, and I think I had an edge in the last one. But nobody's going to get me in any ring with Mr. Tolstoy unless I'm crazy or I keep getting better. 引自Lillian Ross刊登於一九五〇年五月出版的《紐約客》那篇海明威人物稿。

16 阿里（Muhammad Ali，原名Cassius Marcellus Clay Jr. 後因皈依伊斯蘭教改名）生於一九四二年，美國拳擊手，曾獲一九六〇年羅馬奧運次重量級金牌；他以「蝴蝶般的飛舞，蜜蜂般的尖刺」打法聞名，是全世界知名度最高的拳擊手。福爾曼（George Foreman）生於一九四九年，美國拳擊手，曾獲一九六八年墨西哥奧運重量級金牌；一九七四年以四十戰全勝之姿與阿里進行「叢林大戰」，最後輸給阿里；一九九四年，他以四十五歲的高齡挑戰當時重量級世界拳王Michael Moorer，最終在第十回合ＫＯ勝。泰森（Mike Tyson）生於一九六六年，美國拳擊手，一九八六年成爲史上最年輕重量級世界冠軍；一九九一年因強姦案

呼聲中佩上了拳王的腰帶，然而拳王頭銜只是一時的，一定會有人出來挑戰你，要奪走你的腰帶。你必須一次又一次地證明自己，不是贏了、得了就是了。

海明威一直有一種特殊 fightsy 的精神，一種拳擊打鬥的精神，了解這種精神才能了解他的作品。他從來不會因爲之前已經寫出什麼樣的重要、傑出作品，就能滿意安穩下來。拳擊場上不是這樣，拳擊場上沒有「大師」，不是說你打敗過阿里，你就被供奉在高位上，理直氣壯地吃香喝辣。拳擊場上，打敗了阿里，只是刺激出更多更強的對手，正摩拳擦掌、興奮躍動，期待能在擂台上打敗你。

海明威將自己的寫作，看成是一場又一場保衛頭銜的拳擊賽，他不斷和想像中的前輩大家對決，還要轉頭擊退爬上擂台挑戰他的後輩。不是寫好一本書，贏了一場就能鬆懈滿意的。

第一流的記者寫拳擊

海明威從成長到他開始於文壇活耀的年代，是美國拳擊的黃金年代，拳擊流行的程度甚至超過了當時的棒球。至少，最了不起的ＭＬＢ「世界大賽」（World Series）

都不可能一次吸引十四萬名觀衆進場。

拳擊卻可以。想想拳擊擂台的大小，你就明白十四萬人擠進大體育場裡看拳擊賽，是件多麼瘋狂的事。那個年代，保有「拳王」，尤其是「重量級拳王」頭銜的人，比今天的棒球、籃球明星還要風光。那個年代，幾乎美國的每個小鎮都有拳擊俱樂部。每一個不同的移民族群，義大利裔、愛爾蘭裔、德裔、西班牙裔，乃至北歐裔都有他們自己的拳擊明星。每家主要的報紙都有專門報導拳擊的記者，大記者Heywood Broun[17]的名言是：「水災、罷工，那絕對是二流記者的事，文筆最好的第一流記者寫拳擊。」

光是一九二六、二七兩年，就各有一場吸引了超過十四萬名觀衆進場的瘋狂重量級拳王頭銜爭奪戰。而且十四萬的龐大數字還不足以描述場內的熱鬧狀況。一九二六年那場，在場有九位美國參議員，有全美最大的前六家鐵路公司的老闆，有好幾個

入獄服刑，出獄後於一九九六年再度成爲世界冠軍；二〇〇五年背負著巨大債務引退。Sugar Ray Leonard生於一九五六年，美國拳擊手，曾拿下過五個量級冠軍，也是史上第一個收入超過一億美元的拳擊手。

17 Heywood Broun（1888-1939），美國記者。

像卓別林那種等級的電影明星，有好幾個像柯布（Ty Cobb）那種等級的棒球明星，有好幾個像普立茲（Joseph Pulitzer）那種等級的媒體大亨，有好幾個像克萊斯勒（Walter Chrysler）那種等級的大企業家，有梅約醫院的傳奇創辦人Charles Mayo，還有數不清的美國最富家族如洛克菲勒、范德比爾、亞斯德的成員。

籌辦這場拳王賽的Tex Rickard在賽前興奮地用誇張口氣對記者說：「如果地翻上來或天塌下來，將我們的前十排座位吞沒了，那會是一切的終結。在那十排，有著全世界的財富，全世界的大人物，全世界的腦袋和產業天才！」

這些人齊聚來看塔尼（Gene Tunney）向衛冕的拳王鄧普賽（Jack Dempsey）挑戰。[18]鄧普賽已經連續三年蟬聯拳王，三年中，他幾乎沒有遇到任何像樣的對手。夠格而且又有勇氣，還能吸引觀眾興趣的對手太少了，鄧普賽閒得發慌，一度跑到好萊塢去客串拍電影，還娶了女明星Estelle Taylor爲妻。全美國數百萬上千萬的拳擊迷都急著想要看到有新手出現，眞正和鄧普賽好好打上一場。

他們好不容易等到了塔尼。三年間，塔尼經歷了十九場重量級拳賽，獲得了十四勝五和的戰績，而且其中有七場是以在場上擊倒對方的方式獲勝。一九二六年，後起之秀塔尼終於要上場挑戰鄧普賽了。

那場對決，持續征戰的塔尼顯然有著比您閒多時的鄧普賽更好的體能狀況，而且他很聰明地採取了和鄧普賽很不一樣的策略。塔尼不斷在擂台上遊走，不讓鄧普賽有機會正面揮出重拳，他沿著繩邊靈巧跳著倒退步伐，伺機出拳襲擊躁動追擊而來的鄧普賽。塔尼慢慢累積了評審給的分數。七、八回合之後，鄧普賽意識到自己分數落後，若要取勝就只能靠將塔尼在擂台上擊倒，於是更加焦急，不斷猛力出拳，也就更加無暇防衛，結果挨了更多記塔尼的刺拳襲擊。

只攻不守的鄧普賽終究無法擊倒塔尼，比賽結束，塔尼靠著積分贏得了拳王寶座。沮喪的鄧普賽擁抱妻子 Estelle Taylor 說：「親愛的，我忘記要閃躲了。」五十多年之後，也在好萊塢當過演員的美國總統雷根，在街上遇刺受傷，見到焦急趕到醫院探望的夫人南茜，他的第一句話就是學鄧普賽說：「親愛的，我忘記要閃躲了。」

---

18 塔尼（Gene Tunney, 1897-1978），美國拳擊手，一九二六—一九二八年間是世界重量級冠軍，其間兩度擊敗鄧普賽；鄧普賽（Jack Dempsey, 1895-1983），美國拳擊手，一九一九—一九二六年間皆是世界重量級冠軍。

讀莎士比亞的拳王

有很多年不曾出現以評審積分打贏擂台的拳王了。雖然沒有人能否認塔尼的積分一定比鄧普賽高，但畢竟這不是十四萬觀眾預期想看到的。他們要看到有人倒在擂台上，留下來站得直直的、雙手高舉的那個人，獲得拳王封號。

換句話說，塔尼沒有說服觀眾，他夠格可以做讓千萬人崇拜的重量級拳王，他沒有打倒鄧普賽。這就保證了兩位拳手，一定要在擂台上重新對決一次。第二年，一九二七年，這兩個人在芝加哥重遇，再度吸引了破紀錄的十四萬觀眾湧入原本用來進行美式足球賽的場地。

有了前一次的經驗，鄧普賽知道，全場觀眾也知道，勝負的關鍵在於鄧普賽能否在十五回合內擊倒塔尼。塔尼的靈活閃躲技巧，以及伺機出拳的耐心與準確，雖不足以擊倒鄧普賽，卻足以一回合一回合累積領先的點數。塔尼不倒，那麼鄧普賽就不會有贏的機會。

所謂「技術擊倒」獲勝，意即要讓對手倒在擂台上，經裁判數到十還無法完全穩定站好。這一年，重量級拳賽有了一條新規定：一旦將對手擊倒在地，站立著的拳手必須立刻退到繩邊去，等到他雙手觸及繩邊，裁判才開始計數。

這是爲了防止一種「垃圾步」而定的。有些拳手會在裁判計數時，緊貼在旁邊等著，如果裁判數到十之前，對手站起來了，他就在裁判宣告比賽重新開始的刹那，立刻疾速出拳，往往就能把還暈頭轉向的對手再度擊倒。

誰是最有名的「垃圾步」拳手？啊，還有誰，就是鄧普賽。拳賽開始之後，前六個回合，塔尼在其中的五個回合獲得較高的點數。第七回合，落後的鄧普賽逮住了一個難得機會，重重擊中塔尼，塔尼應聲倒地。那是塔尼拳擊生涯裡第一次在正式比賽中被擊倒在擂台上。

然而，接著鄧普賽犯了決定性的錯誤。不知是出於習慣或一時混亂，鄧普賽沒有遵守新規定退到繩邊去，裁判花了幾秒鐘的時間，才將他推開，換句話說，塔尼得到多出的寶貴幾秒，可以掙扎站起，定下神來準備繼續比賽。

塔尼在裁判數到十時，站定凝神。此刻，拳賽勝負已定。鄧普賽再也沒有第二次機會對塔尼揮出那樣的重拳，塔尼再度穩穩地靠著領先積分打敗鄧普賽。

之後的許多年，拳迷們持續熱烈各持己見討論：塔尼到底總共花了幾秒鐘才站起來？十三秒、十四秒、十五秒、十六秒、十七秒還是十八秒？如果鄧普賽及時退到繩邊，他就會以技術擊倒重回拳王寶座？還是塔尼其實也還來得及在原本的計數時間中站好再戰？……

恐怕連塔尼自己都不知道正確答案。我們沒有聽他公開說過他的看法，或許他跟少數親近的朋友，例如海明威，提過吧？

光是兩場和鄧普賽的對決，就幫塔尼賺進了將近一百萬美金的巨款，相當於今天兩千萬美金左右。而且塔尼是個拳壇的怪胎，他熱愛文學、廣泛閱讀，帶著拳王頭銜到耶魯大學訪問時，給了耶魯師生一場談莎士比亞的演講。一九二八年，塔尼從拳擊擂台上退休，結了婚，到義大利度蜜月，索性就在歐洲流連了一年。其中很長一段時間，他待在巴黎，遇到了一些浪遊的美國人，和他們交換關於文學、藝術及拳擊的想法。其中和塔尼最接近，最談得來的，正是既擁有文學創作奇才，又是個狂熱拳擊迷的海明威。

一直不斷地出拳

海明威認識很多職業拳手。除了塔尼之外，他欣賞、認識的拳擊手，包括Jack

Britton和Benny Leonard。[19] Jack Britton打拳的風格，有點像塔尼，還比塔尼更靈巧更快速，是穆漢默德．阿里崛起之前，最像阿里的一位拳擊手。阿里出道時，不叫阿里，叫克萊，不過更有名的是他的綽號——「花蝴蝶」，形容他在拳擊場上的特色：always on the move，不停地動，到處看見他的影子，飛到東來又飛到西，讓對手捉摸不定。克萊，後來的阿里，他的拳不算特別重，他打贏人家的基本方法是跳來跳去，使得對手無法結結實實打到他，他伺機逮到機會，就欺近身，狠狠給一頓快拳。Jack Britton打拳風格很像後來的阿里。

Benny Leonard呢？在他巔峰時期，被稱爲是歷史上第一個將拳擊從野蠻運動轉變爲藝術的拳手。Benny Leonard的特色是出拳極度準確，要打哪個角度打到哪裡，一出拳就一定打得到。Benny Leonard打遍天下無敵手，喔，不，除了Jack Britton之外無敵手。

---

19 Jack Britton（1885-1962），美國拳擊手，保有三次世界次中量級冠軍頭銜，海明威的短篇小說“Fifty Grand”即是以一九二二年十一月他與Mickey Walker在紐約麥迪遜花園廣場的對決爲基礎寫成。Benny Leonard（1896-1947），美國拳擊手，以速度和技巧聞名，他在一九二二年六月挑戰Jack Britton的次中量級冠軍頭銜失敗。

海明威問過Jack Britton：爲什麼你有辦法對付Benny Leonard？他得到一個很棒的答案。Jack Britton說Benny Leonard眞是個了不起的拳擊手，最了不起的地方在於他非常純粹，幾何上的純粹。他的直拳眞的就像幾何上面的線一樣直，他的勾拳也就像幾何上的圓一般圓。而且他不能忍受亂揮拳，這點也很純粹，所以他總是在思考。「每當他思考時，我就一直揮拳打他，這是再簡單不過的道理。」這就是Jack Britton給的答案。

很簡單的道理，很簡單的答案，海明威愛極了這個答案，他一度把這一段話寫進一篇小說裡。然而一位朋友讀了那篇小說，明確地建議他將跟拳擊有關的這一段刪掉。海明威接受了，刪改了，因爲那個朋友是海明威很佩服的小說家，《大亨小傳》的作者費茲傑羅[20]。費茲傑羅當然懂小說，海明威不可能懷疑。刪改過的小說發表了，海明威又遇到了費茲傑羅，聊起來，海明威問：「爲什麼你認爲我應該刪掉那段關於拳擊的話？我自己覺得那段話很有意思，而且是很好的隱喻啊！」費茲傑羅的回答：「我不贊成在小說裡放進大家都知道的事。」海明威傻眼了，費茲傑羅對拳擊根本一竅不通，他以爲海明威引用Jack Britton的那句話，是看拳擊的人都知道的。海明威心裡在淌血：「老天，這明明是Jack Britton親口告訴我，只有我一個人知道的事啊！」

雖然被費茲傑羅這樣一搞，Jack Britton 那句話沒有出現在小說裡，不過那話卻一直存放在海明威心底。他相信自己異於其他作家的最大特點，就在 always hitting，他一直不斷地出拳，一直不斷地出拳。他是 Jack Britton，從不停下來，一直出拳一直出拳，才能夠把文壇上追求 perfect punch，不斷在想該如何完美出拳的 Benny Leonard 打個稀巴爛。

海明威的對手

誰是海明威心目中美國文壇的 Benny Leonard？最有可能的人選，是和他同代的福克納。海明威一八九九年出生，福克納比他大兩歲。一九四九年，福克納得了諾貝爾文學獎，一九五四年海明威也得了諾貝爾文學獎。兩個人都是很美國的作家，都是

20 費茲傑羅（Francis Scott Key Fitzgerald, 1896-1940），美國小說家，著有《大亨小傳》、《塵世樂園》、《夜未央》等長篇小說，另有約一百五十篇短篇小說。

現代主義的健將，都對全世界的現代主義文學潮流發揮了巨大的影響力。

但這兩個人卻也有根本的、無法協調的差異。差異最明白顯示在這兩個人，明明都很多話，對這個世界充滿了意見，卻都沒留下什麼針對另一個人的評論。替好萊塢片廠當編劇時，福克納改編過海明威的小說，但真奇怪，即使如此，福克納都沒留下對海明威小說明確的意見。海明威呢？被問到對福克納有什麼看法時，他的回答是：「我真的沒辦法講，除非我看完了他的作品，或至少弄清楚了我爲什麼看不下去，才有辦法講。」意思是他甚至還未曾嘗試去讀、去理解福克納。不過他一方面說沒辦法講，一方面嘴巴卻沒停，接著說：「不過我想像福克納那樣寫小說，應該滿容易的，當你擁有一座農莊，可以窩在穀倉裡，準備一堆烈酒在旁邊，每天寫五千字完全不用考慮文法的文章，應該滿容易的。」

海明威和福克納不只有著不同的風格、不同的個性，而且他們看待小說的態度很不一樣。他們試圖要用小說來表達的生命經驗與終極關懷，很不一樣。海明威覺得和印第安人親近，卻不太在意黑人。他是出生在芝加哥的北方人。南方長大的福克納，生命中最重要的參考座標，是黑白關係，以及南北內戰的長遠潛在記憶。戰爭對海明威也很重要，但絕不是以記憶的形式存在，戰爭是、而且只能是充滿危險、威脅生命的刺激現實。

海明威的作家排行榜中，托爾斯泰其實比莎士比亞更重要，那是他眞正想要追上、超越的目標，是他想像自己眞正可以在擂台上遭遇的大拳王，不是像莎士比亞那樣的傳奇。海明威佩服托爾斯泰的一個理由，用他自己的話說：「看看，這傢伙怎麼寫《戰爭與和平》？他不是隨便寫的，關於戰爭，他是眞的帶著砲兵上到生死場上忍受過一切，才寫出來的！」在海明威眼中，「帶著砲兵上到生死場上忍受過一切」這件事比小說的成就更重要，或者應該更精確地說，因爲這件事使得托爾斯泰的小說成就難以被超越。

海明威喜愛戰爭，甚至羨慕戰爭經驗。福克納也曾想加入軍隊去打仗，不過他被「退貨」拒絕了，他後來還常常撒謊假裝自己上過戰場。然而，戰爭對這兩個人的意義很不一樣。海明威年紀大些時，他明白了爲什麼許多讀者會不好意思承認喜歡他的作品，尤其是他的早期作品，因爲那裡面透露出一種「熱愛戰爭、享受戰爭」的態度。戰爭是他眞的想要有的經驗，他要去經歷、要去記錄，無法經歷記錄時，才動用小說虛構來彌補。就像一個最了不起的打擊者就是要去面對最了不起的投手一樣。遇到一個眞正夠格的人，一個有理由也有力量將你摧毀的人，勇敢地去面對。海明威在戰爭當中享受這種挑戰及其帶來的驚悚，及只有這種驚悚能夠帶來的自我榮光與自我滿足。所以，海明威寫的幾乎都是當下的戰爭。他寫第一次世界大戰、寫西班牙內戰，寫出參與戰爭的人的經驗。

福克納不是如此。福克納沒有真正上戰場的第一手經驗。不過就算他當年成功加入軍隊參戰了，從戰場回來後，他應該也還是不會寫海明威式的戰爭小說。福克納要寫的，他會寫的，不是戰爭本身，不是戰爭當下的經驗，是戰爭所留下來的記憶，以及戰爭所留下來的悲劇。

海明威寫當下的戰爭，福克納卻寫已經過去了的戰爭，兩個人的敘述口氣大不相同，兩個人關心的焦點也必然大不相同。海明威總是在戰爭中看見人的光彩，一種奇特的愉悅，一種光榮，一種英雄主義，一種英雄情結。福克納則集中寫戰爭結束之後，經歷了戰爭的人——還有更倒楣的，那些沒有經歷戰爭的人——他們別無選擇必須承受的戰爭傷痛。

福克納筆下關懷的，不是他活過的同時代的戰爭。他沒有正面寫過第一次世界大戰，也沒有寫過第二次世界大戰，他擅長寫的戰爭，是遠在一八六一年，他出生之前三十多年爆發的美國南北戰爭，那才是福克納的戰爭。那場戰爭創造了他必須要忍耐活下去的美國南方環境。海明威寫的是新近切身的第一次世界大戰、西班牙內戰。他後來也試圖寫第二次世界大戰，只是不像寫第一次世界大戰、西班牙內戰那麼成功。

一個寫戰爭記憶所留下來的折磨，一個寫當下戰爭所帶來的刺激，腔調當然完全不同。我們甚至可以進一步擴大來說：福克納的小說裡充滿了記憶，充滿了鬼魂，充滿了死了不肯走的人。在福克納的小說裡，就算是當下發生的事，也都變得像記憶，像是已經發生過了的事情留下來的反影或幽靈，永遠不會有單一的現在時間，永遠都是過去與現在的時空交錯。海明威恰恰相反，即使是寫過去的事，在他筆下那些事都不會因時間的流逝而褪色，常保鮮亮，跟眼前、當下發生的事一般鮮亮。一個是只能做爲幽靈活在記憶裡的作家，一個是無論如何不肯化身變成記憶不肯老去，當然更不肯死去變成幽靈的作家。兩個都是很了不起的美國小說家。

2 極簡語言與男性特質

簡單到不可思議的語言

海明威能夠將所有記憶都轉化爲眼前、當下，靠的是他特殊的文學技法，尤其是他所運用的特殊語言。討論海明威一定會提及的，是他的語言非常簡單，簡單到不可思議的地步。當年讀者第一次讀到這樣的文字，感到不可思議；現在我們讀到這樣的文字，還是覺得不可思議。

他的名著《戰地春夢》（*A Farewell to Arms*）的開頭第一段，宋碧雲的中文翻譯是這樣：

「那年殘夏，我們住在一棟村舍裡，小村隔著溪流，平原與群山遙遙相對。河床中有岩石和沙礫，在太陽下顯得乾爽爽，白淨淨的。河水清澈湍急，現出澄藍的色彩。軍隊由屋旁走向大路，掀起漫天殘泥。樹葉都蒙上一層粉末，樹幹也髒兮兮的。那年樹葉提早凋落，我們眼看軍隊開過大道，塵土飛揚，樹葉被和風一攪，紛紛掉下來。士兵一一推進，然後路面空空如也，只留下滿地的落葉。」

很漂亮、很好的中文，但不是好的翻譯。讓我們對照看看海明威寫的英文：

In the last summer of that year we lived in a house in a village that looked across the river and the plain to the mountains. In the bed of the river there were pebbles and boulders, dry and white in the sun, and the water was clear and swiftly moving and blue in the channels. Troops went by the house and down the road and the dust they raised powdered the leaves of the trees. The trunks of the trees too were dusty and the leaves fell early that year and we saw the troops marching along the road and the dust rising and leaves, stirred by the breeze, falling and the soldiers marching and afterwards the road bare and white except for the leaves.

去找任何一個高中生，給他讀這段英文，我敢保證，裡面沒有幾個他不認識的單字。他用的字簡單到這種程度。而且不只用字簡單，沒有幾個超過五個字母的字，海明威的文法也簡單到荒謬的地步。把這段文字唸出來，你立刻會察覺他在中間用了多少「the」、「and」和「that」。另外他還很喜歡用「then」。他的句子就用這幾個最簡單的字連接起來，聽來像是沒學過複雜句法的孩子在說話。伴隨著簡單的文字和簡單的文法，必然的現象是同樣的字、同樣的句法不斷重複。

讀中文翻譯，不會有這種感覺。因爲譯者宋碧雲認得太多字了，給我們許多文雅且有變化的字。讀中文翻譯，我們一定會錯失海明威作品給英語讀者的衝擊。閱讀中心裡很難不生出質疑：「你怎麼可以寫得這麼簡單？」接著會生出第二層的衝擊感覺，海明威的文字雖然簡單，卻絕不普通。表面上看來如此簡單的文句裡，很明顯傳遞了你過去從未碰觸過的訊息。

魯迅寫過一篇文章〈秋夜〉，開頭是：「在我的後園，可以看見牆外有兩株樹，一株是棗樹，還有一株也是棗樹。」幹嘛這樣寫？不能更精簡更有效地說：「我的後園裡有兩棵棗樹」嗎？一加一不就等於二嗎？然而閱讀時，我們偏偏就是知道魯迅的「一加一」寫法，不等於直接就說「兩棵棗樹」的寫法。在文學的領域裡，抱歉，一加一眞的不等於二。「二」這個數量是一回事，「一加一」則指涉了一個加法的程序，或加法的概念，那是不能由「二」這個數字來取代的。

海明威的文章就是這樣。很簡單，表面上看來沒給任何我們不認得的東西。然而他給了文字一種獨特的韻律，將我們熟悉的東西放進由這種韻律組構成的氣氛裡，結果就產生了無法用別種方式表達的情緒與情感。千萬不要小看這種簡單的文字，不要小看這些不斷重複的「and」和「the」。

翻譯海明威作品最困難之處，就在如何翻譯這些不斷重複的「and」和「the」。

絕大部分的中文譯者不敢用簡單的直譯法，或者該說用簡單直譯法的譯本大概都被淘汰了，根本無法出版。沒有人相信、沒有讀者能夠接受「世界文學名著」的文字那麼簡單，那麼直白，看起來像是改寫給小朋友讀的。就算譯者想要譯出那些不斷重複的「and」和「the」，恐怕也做不到。這樣的文字有它自己近乎純粹節奏（rhysm），附隨在這幾個音上的獨特節奏，用中文的「這」、「那」、「和」、「及」、「與」、「跟」……等字來譯，意義就是不一樣，更麻煩的，節奏感也必定消失了。我們只能一邊看中文翻譯，一邊拿海明威原文在旁邊一句一句一段一段唸出來。很少有哪個作家的「and」和「the」如此的重要，忽略了海明威的「and」和「the」，不能算是讀到了原汁原味的海明威小說。

活到五十幾歲，終於有一天，海明威願意大方地把他的祕密和盤托出。海明威不是個吝嗇的人，然而關於他如何打造出自己的文字風格，卻是他少數一直吝於分享的事。一九五〇年，距離他寫出我們前面引用的那段文字已經超過二十年的時間，他終於在訪問中說：「每一個人都說《戰地春夢》的第一段寫得如何如何的特別，如何如何的奇怪，我終於要告訴你們這個祕密——那些都是老巴哈教我的」。

老巴哈？是的，就是我們知道的巴洛克音樂大師，有時甚至被尊奉為「西方音樂之父」的那個巴哈[1]。海明威解釋：他所寫的每一個「the」、每一個「and」，就像老巴哈用對位法寫音樂時，必須面對的每一個音符，思考它們的和聲效果，設計它們的節奏。他的小說，內在有著精密設計的音樂性，在應該反覆的地方反覆，在應該快的地方快、應該慢的地方慢。

「In the last summer of that year」，海明威這樣寫，宋碧雲譯爲「那年殘夏」，有錯嗎？沒有錯，但不準確，無法準確。用「那年殘夏」開頭，中文給我們的是不折不扣的回憶口吻。海明威用「In the last summer of that year」開頭，雖然時態是過去式，但那一整段英文，卻沒有給人回憶的感覺。

爲什麼我們不會覺得那是回憶？因爲回憶是經過整理的。已經知道發生了什麼事，用後來的結果回頭整理前面混亂的識見與現象，有所取捨，給予它們一套秩序與一套邏輯，回憶於焉建立。宋碧雲譯的中文，就透著這樣的秩序與邏輯，如此整理過後的結果。然而海明威的原文，遠比中文混亂、瑣碎多了：

Troops went by the house and down the road and the dust they raised powdered the leaves of the trees.

有聲音有影像讓人注意到軍隊走過去了，路上都是他們經過揚起的灰塵，然後順著灰塵，我們才看到樹葉，灰塵落在樹葉上。下一句：

The trunks of the trees too were dusty……

眼光又從樹葉被帶到樹幹上，發現樹幹也都是灰。這不就和魯迅「一株是棗樹，還有一株也是棗樹」一樣嗎？

而且這句話沒完。完整的一句是：

The trunks of the trees too were dusty and the leaves fell early that year and we saw the troops marching along the road and the dust rising and leaves, stirred by the breeze, falling and the soldiers marching and afterwards the road bare and white except for the leaves.

1 巴哈（Johann Sebastian Bach, 1685-1750），巴洛克時期的日爾曼音樂家，有「西方現代音樂之父」之稱。

不只是好長的句子，而且是長得沒道理的句子。重複講了看到軍隊走過去，灰塵揚起來，講了兩次葉子落下來，然後又再講一次士兵行軍過去……這在幹什麼啊？

這像是未曾經過整理，直覺、瑣碎的紀錄。來不及進入意識中好好排比刪節，直接就照著看到、想到的冒湧出來了。海明威的文法很爛，但那是一種匆忙、速寫、擔心不趕快寫下來就會遺失忘掉似的爛法。

海明威刻意打破文法的秩序，也可以說是打破了秩序的文法，grammar of the order。接連出現的，是文法秩序之前的東西。還來不及整理出文法的秩序，也就不會有秩序的文法。海明威破壞了文法的秩序，卻偷偷代換了另外的秩序，讓我們不會對這種混亂感到厭惡而讀不下去。文法的秩序在海明威的文字裡用音樂性、聲音的秩序代換了。所以他的文字既有混亂帶來的現場感，又有潛在節奏秩序帶來的流暢安穩。

混亂狀態的臨場感

《戰地春夢》小說開頭沒多久，寫到了主角敘述者「我」離開戰地去放假。本來說好了，他放假時要去軍中神父的家裡走走，結果他沒去。回到前線後，為了這件事，神父很不高興。敘述者必須對神父解釋，自己爲什麼違背諾言沒有去。他的解釋是：

「我曾經想要去阿布魯奇（阿布魯奇就是神父的家鄉）。我從來沒到過路面凍結如鐵的地方，氣候晴朗，寒冷而乾燥，雪花乾如白粉，雪地上有兔子的足跡，農夫會脫帽叫你老爺，有精采的打獵。可是我卻沒去那個地方。我只找了煙霧瀰漫的咖啡館，晚上頭昏眼花，你盯著牆壁，房間才不會繼續旋轉。晚上醉醺醺躺到床上，你知道一切就這麼回事兒。興奮中醒來不知共眠的是何許人也，一切就這麼回事，就這麼回事根本不在乎。突然就又非常在意，又昏昏睡去，醒來已經天亮，一切都過去了，一切都銳利而冷酷，清清楚楚。有時還爲價錢爭論不休，有時候還很愉快，充滿溫情並共進早餐和午餐，有時候美好的感覺消失了，樂得到街上走走，卻總是另外一天的開始，然後是另外一個黑夜，我想說出夜晚的情形，分辨白天和夜晚的差別卻沒有辦法，就像我現在無法分辨一樣⋯⋯」

同樣的，這是好的中文，卻不是能夠有效傳遞海明威風格的文字。第一個大問題是標點符號，第二個大問題是口氣。中文翻譯讓我們一下就讀懂了，但也因此我們就誤會了敘述者和神父兩人間的對話關係。中文清清楚楚，敘述者在告訴神父說：放假時本來想去你家，但我去了一個沒去過的地方，就一直混一直混，喝醉酒，找女人上床，混得昏天暗地，所以就沒去你家。如此而已。聽到這樣的話，神父怎麼會諒解呢？

海明威的原文不是這樣的。聽海明威書中寫的，你會有截然不同的感受。

……I had wanted to go to Abruzzi. I had gone to no place where the road were frozen and hard as iron, where it was clear cold and dry and the snow was dry and powdery and hare-tracks in the snow and the peasants took off their hats and called you Lord and there was good hunting. I had gone to no such place but to the smoke of café and nights when the room whirled and you needed to look at the wall to make it stop, nights in bed, drunk, when you knew that that was all there was, and the world all unreal in the dark and so exciting that you must resume again unknowing and not caring in the night, sure that this was all and all and all and not caring. Suddenly to care very much and to sleep to wake with it sometimes morning and all that had been there gone and everything sharp and hard and clear and sometimes a dispute about the cost. Sometimes still pleasant and fond and warm and breakfast and lunch.

Sometimes all niceness gone and glad to get out on the street but always another day starting and then another night. I tried to tell about the night and the difference between the night and the day and how the night was better unless the day was very clean and cold and I could not tell it; as I cannot tell it now……

這一段英文，應該任何一個高中生都唸得出來吧，然而就算是大學英文系的教授在唸的過程中，都會覺得有點頭暈眼花，不是很確定這些簡單的單字聯繫在一起，究竟要描述什麼、要說什麼吧！這正是海明威要的效果，或說他要藉這段文字傳遞的感覺，說話的人，自己都搞不清楚爲什麼他會沒有照預定計畫去阿布里奇，他在半路一個莫名其妙的地方，經歷了一陣他沒防備的混亂，就被那樣的混亂生活吸進去，出不來了。

他說：「I had wanted to go to Abruzzi.」然後接著用「I had gone to no place」引領下一個句子，羅列了他對阿布魯奇這個地方的種種想像，也就是對於要去阿布魯奇的高度期待。然後再下一句，是「I had gone to no such place but……」句頭的文字反覆，卻帶出相反的訊息。他沒有去阿布魯奇，卻去了一個完全不一樣的地方，一團混亂的地方。中文譯出了「興奮中醒來不知共眠的是何許人」，卻漏掉了後面的「……and the world all unreal in the dark and so exciting that you must resume again unknowing and not caring in the night,」黑暗中世界如此不眞實，不眞實得令人興奮，以至於你不得不盲目地再來一遍，夜裡什麼都不在乎。在那當下，這就是一切的一切的一切，其他的都不在乎了。可是又會突然一百八十度大轉變，變得再在乎再現實不過，夜裡的模糊虛幻到早上突然變成銳利、堅實、清晰，乃至於甚至和妓女爭起價錢來。但也有些時候，早晨仍然維持著快樂、喜愛、溫暖的心情，一起去吃早餐和午餐。不過這裡海明威用的句子是「Sometimes still pleasant and fond and warm and breakfast and lunch.」三個形容詞後面接兩個名詞，文法上亂七八糟，和他的經驗記憶一樣亂七八糟。

雖然不是內心獨白，海明威的這段文字，很像喬哀思的「意識流」，複製了「意識流」那樣的斷裂、跳躍、混亂，也就同時複製了「意識流」的非理性，或「前理性」特色。敘述者對神父說了一大段他自己都不見得聽得懂的話，因爲他那幾天的經驗，連自己都無法理性地理解。那神父還能怎麼樣？他想去阿布魯奇，卻就是身不由己、情不自禁停留在另一個地方，遇到這種不是說明的說明，神父還能跟他計較什麼？

還有更深一層的，用這種方式展現出的混亂，不期待神父或讀者能夠了解。可是不求了解，非但不是拒絕溝通，反而是最有效、甚至是唯一的溝通方式。不是理解，而是共感的溝通。這種文字傳遞了混亂狀態的臨場感，而不是混亂過去之後用邏輯和文法整理的結果，直接召喚聽者、讀者從自己的經驗去呼應。你會被文字召喚起自己生命中曾經有過的混亂，搞不清楚自己爲什麼在那樣的地方做那樣的事，卻又絕對無法從那樣的情境中拔脫出來的經驗。前面引用的文字之後，下一句是：「But if you have it you know.」是的，神父及我們不了解他在講什麼，但奇怪的，我們偏偏就是知道那種感覺、那種經驗，要否認都無從否認，也就無從對這個沒信守承諾去阿布魯奇的混蛋發脾氣了。

沒那麼好模仿的海明威

在海明威之前，我們還眞不知道語言可以這樣用，可以用這種方法複製、反射那樣的混亂過程，讓那過程如浮雕般從生活中站出來，變成我們不得不知道的事。

做爲小說家，海明威的影響和福克納大不相同。福克納是「小說家的小說家」，寫小說、想寫小說的人讀了福克納會很受刺激，因爲福克納的作品逼著他們去思考小說到底是什麼。讀福克納小說，一定讓人覺得小說是件如此複雜而艱難的事。很多本來想寫小說的人讀了福克納，就決定放棄了。怎麼可能耗費這麼大的力氣去幹這件事！而且福克納小說中瀰漫了命定、無奈的氣氛，讀者或許會欣賞、佩服福克納，卻不容易覺得跟他親近，除非是像賈西亞·馬奎斯[2]那樣自己是個小說大天才的人。我們讀福克納，總覺得那是奇怪的人、陌生的生命在我們眼前搬演，福克納及其小說是以其陌生性（strangeness）感動我們的。

海明威剛好相反，他總是讓讀他小說的人，生出想要自己來寫小說的衝動。「喔，小說原來這麼簡單，那我也可以寫啊！」我們一般的習慣認爲文學家一定要認得很多字，用上別人不會用的字，才寫得出配稱爲文學作品的東西。我女兒小學時，有一天突然問我：「爸，你覺得你平常寫稿用多少字？」我聽不懂這問題在問什麼。她就解釋：上國文課教生字時，老師順口說了一句，要應付一般日常需要，得認兩千個中文字，但有些文學家會用的字有三千個，甚至四千個。聽老師這樣說，女兒就回來檢驗看看我是不是有當文學家的資格。就是這樣的概念。抱持這樣的概念，讀海明威會很驚訝：「用這麼少的字也可以寫小說！也可以當文學家！」這些字你都認識，平常你也都用，覺得自己會用，海明威只用跟你一樣多，甚至更少的字，寫出這麼吸引人、這麼好看的書，很自然地，你心中油然生出兩千多年前劉邦看到秦始皇車隊從眼前堂皇駛過時的感嘆：「大丈夫亦若是！」你覺得你也要寫這樣的小說，覺得自己也應該有條件可以寫出這樣的小說。

海明威讓不寫小說的人想寫小說，他也給正在寫小說的人另外的衝擊。讀了海明威，寫小說的人不能不生出自我質疑：「爲什麼我的小說寫得那麼複雜？我需要用這麼複雜的方法寫小說嗎？」海明威刺激出一種在文學裡的「奧坎之刀」邏輯疑問。哲學裡的「奧坎之刀」指的是：如果找得出更簡單的方式來推論，我們就沒有理由採用比較繁複的程序。即使是成熟的小說家都覺得很難抗拒海明威的文字，會被海明威牽引著去精簡自己的文字。

加起來的效果就是：海明威創造了數不清的模仿者。模仿海明威看起來太簡單，太有道理了。不過，要模仿海明威模仿到眞的像海明威，比絕大多數海明威模仿者想像的都要困難。在這一點，海明威很像村上春樹。村上春樹也常常讓人錯覺認爲很

2 賈西亞．馬奎斯（García Márquez, 1927-），哥倫比亞小說家，一九八二年諾貝爾文學獎得主，著有《百年孤寂》、《愛在瘟疫蔓延時》、《迷宮中的將軍》、《異鄉客》等。

好模仿。原來小說不過就這樣，就寫一個人永遠用類似的方式說著奇怪的話。例如一個女生問他：「你現在要幹嘛？」他就說：「幹什麼好像都可以。」女生說：「那你愛我嗎？」他就說：「愛也可以，好像不愛也可以。」都是這樣。寫不下去，劇情推演不下去時，就讓這個人去做三明治或煮義大利麵，要不然就讓他去放唱片，開始聽音樂。小說可以就這樣簡單地寫下去。

村上春樹當然沒有那麼簡單。很多人學村上春樹在小說中塞了很多符號，卻很少人學得到他運用這些符號，以這些符號當作典故、互文的高妙手法。模仿村上春樹的人在小說裡放進音樂的符號，寫著寫著剛好愛樂電台在播放舒伯特的〈死與少女〉，那就讓小說裡的主角聽〈死與少女〉好了。但村上春樹不是這樣寫的，他提到的一首樂曲、一本書，甚至是一個地點、一件衣服都不是如同表面看的那樣信手捻來。那是他藏在文本裡的暗碼，如果你循跡去聽了那音樂、讀了那書，了解了那地點與那個衣服品牌的特殊意義，就會發現小說的內容隨著變複雜、變豐富了。

海明威表面上看來好模仿，但有一項藏在他簡單文字後面的特性，卻是幾乎完全模仿不來的。那就是他的基本生命態度。他的拳擊想像，他好鬥，永遠在和假想的勁敵對壘對抗的這種生命態度。這種人不可能隨手寫出簡單的文字，就拿來當他的作品。那樣怎麼上得了文學的擂台跟人家搶奪拳王腰帶，或擺出王者姿態悍然護衛自己的王位呢？

男性氣概的美學

海明威筆下簡單的文字，都是他花了很大力氣去修出來的。海明威寫小說寫得很快，例如說《妾似朝陽又照君》（*The Sun Also Rise*，或譯《太陽照常升起》），大概只花了六個禮拜就寫完。不過，寫完之後就開始漫長的修改過程，其中有種英雄氣概、野性氣概在。他修稿子的第一個步驟是重讀，然後將重讀時自己認爲寫得不錯的地方標示出來。接著，完全出乎我們一般的預期，他就試著將標出來的地方刪掉。我沒講錯，把那些他認爲自己寫得好、寫得出色的地方刪掉。

這是他最奇特的方法。他認爲作品好不好最有效的判斷，是看它能夠承受被拿掉多少突出的好句子、好段落。爲什麼自己覺得好的句子、段落反而要丟掉呢？這背後牽涉的是海明威的個性，以及依隨這份個性而來的美學觀，masculinity，男性氣概的美學偏好。去問海明威什麼是男人？抱歉，你一定只能得到帶有性別歧視意味的答案。他一定會提到，男人和女人的最大不同在於：「男人是眞的。」

話裡的意思是女人就不是眞的。他說過他認識的那麼多女人中，只有一個是眞的。那是Marlene Dietrich，德裔的好萊塢大明星，聲音沙啞，形象冷豔，而且好像手上永遠拿著加了長濾嘴的菸。爲什麼只有Marlene Dietrich是眞的？因爲她不迎合、不討好，不裝模作樣希望人家錯以爲她更可愛或更可親些。

海明威最無法忍受、覺得最不可原諒的就是裝模作樣，尤其是虛張聲勢。所以他不喜歡擅長投變化球的棒球投手。變化球是騙人的，讓打者以爲球會去那裡，實際上球卻跑了另一個地方。靠這種方式使得打者誤判。這本來是投打對決中理所當然的一種投手取得優勢的方法，但海明威就是不喜歡，因爲違背了他的男性陽剛美學。

他討厭裝模作樣到了近乎病態的地步。修改小說稿，他首要必須確認自己寫出來的句子、段落，不會讓人家覺得做作。每一個看來特別吸引人的句子、段落，都得特別拿出來檢驗，認眞地問：這是不是故意在吸引讀者的眼光？是不是像女人化妝、穿上華服，所以才會讓人一眼就看到？他要不客氣、不吝惜地將所有裝模作樣的內容都拿掉。

修改時，他看到一個長一點的多音節字，眼睛就會痛。看到一個包括十個、十二個字母的字，他的直覺反應是：我怎麼會寫出這種字來，它非得要在這裡不可嗎？不能換成另一個簡單點的字嗎？修改時，他看到一個句子裡面有兩個動詞，眼睛就開始痛。他的直覺反應是：一定要有兩個動詞嗎？我不能用更簡單的方式來組這個句子嗎？海明威的文章裡很少出現子句，每一個句子都盡量通透到底，不會句中有句，大句子裡包夾小句子。

他的修改常常都是刪節和拆解。把複雜的句子拆開來。他大量使用短句，就算是乍看很長的句子，仔細看，那句子的文法通常也都很簡單。爲什麼海明威的小說裡用那麼多「and」？正就是因爲他一直在拆句子，把句子拆成一小段一小段的簡單元素，再用「and」把它們連綴在一起。

這是他深信不疑、無可動搖的美學信念，心底的堅決執著，所以才會去想像、鍛造出那樣的文字。我們被他的文字打動，因爲那其實是得來不易的藝術心靈琢磨結果，也因爲透過這樣的文字，我們不自覺地感受了他那份美學信念的力量衝擊。

海明威不願裝模作樣，老是要把所有看起來說得太多、說得太漂亮的東西拿掉，因而他最好的作品都是成功地邀請了讀者，一邊看他小說裡給我們那點平淡貧乏的內容，一邊自己積極地把那些被藏起來沒有說出的部分想像補上。他的小說記錄了一個男人把他能講得出口的話說了，內在卻還有更多他說不出來，說出來就會使得自己覺得噁心的東西，我們理解了這樣的壓抑狀態，忍不住動用感情與想像，把那些說不出來，說出來就裝模作樣了的內容，不由自主地補回去。經過了如此過程，海明威的小說就在我們心中發光，讓我們覺得如此漂亮、如此精采。

「太像歌劇了」

不過這樣的美學，有其風險，有著比一般「正常的」表現手法更高的失敗風險。說到什麼程度剛好能刺激讀者的想像與感受補充參與，多難拿捏！在一些作品裡海明威拿掉了太多重要的、應該要講的話，以至於讀者看得迷迷糊糊、莫名其妙，沒有辦法幫忙補充。像是*The Torrents of Spring*，一部很少人知道的作品，就是因為海明威覺得自己初稿寫得太娘娘腔，太sentimental，猛改猛刪，到後來連關鍵的情節線索都被刪得支離破碎，以至於很難吸引人讀下去。

畢竟，海明威不是福克納。福克納的《聲音與憤怒》（*The Sound and the Fury*）一開頭就擺出神祕複雜的姿態，故意讓人無法一眼看透究竟是誰在說話，在描述什麼。

要讀下去，讀者不能不有心理準備，你得很認眞、很用心，像面對數學作業一樣專注費力，不然就進不了福克納打造的小說世界。海明威的小說表面看起來那麼簡單，讀者沒有準備要在閱讀過程中幫他費神拼圖，當然就只能放棄不讀了。

還有一些作品，海明威又留了太多感性的東西，以至於看起來很「不海明威」。他有另一部也沒太多人知道的小說《渡河入林》（*Across the River and Into the Trees*），一部命運乖違的小說。閱讀這部小說最大的困擾是：海明威多次在不同地方，自己給這部作品很低的評價。他自我批評的焦點，放在《渡河入林》小說結尾處，主角上校死前的那一段。他的說法是，上校死得「too operatic」了。直接翻譯，是說這一段寫得太像歌劇了。

「太像歌劇了」是什麼意思？最簡單的解釋：基本上一部歌劇的成功條件之一，就是要有一個爛劇本，在一般文學、戲劇標準上看來的爛劇本。只有劇本夠簡單、夠荒謬、夠荒唐，才能給音樂充分的表現空間。歌劇畢竟是以音樂表現、而非戲劇表現爲主的。每個角色都動不動就唱一段，歌劇的劇情推動一定緩慢，一個晚上演下來，演不了太多情節。然而好的音樂一定要有強烈的情感在背後，所以歌劇又要有許多濃烈的愛恨喜悲情景，方便安排詠嘆調。想想，沒有時間鋪陳，卻又塞入許多強烈戲劇性的段落，這種劇情能不爛嗎？一對男女才剛在花園裡見面，突然就愛得死去活來，再一下子，馬上就又被天上掉下來的災難弄得生離死別，這就是典型「operatic」的戲劇表現。

顯然，放在小說評論上，operatic不會是個好字眼。想想歌劇《茶花女》的結尾吧！劇情中得了肺結核即將去世的女主角，卻一直唱一直唱，唱得淋漓盡致欲罷不能，哪有一點像眞實世界裡被肺結核折磨得虛弱無力的臨終病人？海明威嘲笑自己寫的《渡河入林》，結尾處那個上校簡直就像歌劇裡的「茶花女」，要死了還講這麼多話，讓他很受不了。

我其實並不覺得《渡河入林》那麼失敗，甚至覺得上校最後的回想挺感人的。不過海明威就是這樣，聽到人家說：「讀了你的作品好感動喔！」他的反應會是：「Oh my God! What had I done? 糟了，怎麼會這樣？我做錯了什麼？」即使他明白你的感動是什麼，是怎麼來的，他不會承認，他不能承認，那個是他生命內在的一種不能退讓的立場，他無法忍受sentimental，他反對sentimental的風格，儘管他的小說裡不可能完全沒有sentimental的成分，更不乏sentimental的力量，但他就是不能承認，更不能去肯定。

3 現代主義中的海明威

兩個現代主義的問句

葛楚・史坦[1]七十二歲那年，被診斷得了胃癌，安排了在七月二十七日下午動手術。進手術間時，跟她一起共同生活了四十年的情人、伴侶愛麗絲・托克萊斯（Alice Toklas）陪著她。史坦的神智看起來很清醒，她突然問托克萊斯說，「What is the answer?」（「答案是什麼？」）托克萊斯顯然不明白史坦要問什麼答案，沉默著沒有回應，史坦就又問：「In that case, what is the question?」（「既然沒有答案，那到底問題是什麼？」）托克萊斯也不知道如何回答這個沒頭沒腦的問題。問過了這兩句話後，史坦就被推進手術間，上了痲藥昏睡過去，然後再也沒有醒過來。

這一段事情，記錄在托克萊斯的回憶錄*What Is Remembered*裡。這本書幾乎都是關於史坦的描述，沒有理由托克萊斯會不記得、會記錯活著的史坦生命最終所說的話。就算這兩句話不是真正史坦生命中最後的兩句話，也不減其高度的象徵意義。簡潔明瞭地顯示了究竟「現代主義」是什麼。

史坦的最後話語提醒了我們，現代主義基本上是人進入一種新的狀態中，他不再理所當然追尋答案找到答案，不只是不必然找得到答案、弄得清答案，很多時候就連到底自己在問什麼樣的問題，都弄不明白。

進入「現代主義」之前，文學、藝術、文化是怎麼回事、在追求什麼呢？歐洲從「啓蒙主義」時代開始，上帝、教會、神學明顯地退位了。換另一種方式說：這些提供現成、明確答案的力量，不再是人們理所當然接受的權威。上帝、教會、神學權威籠罩的時代，人活著就是學習、接受這些現成、明確的答案。生活上會遇到的問題，不管是個人的或集體的，都有現成、明確的答案。至少都受到一個統納萬能的答案管轄——上帝知道（God knows），如果上帝不讓我們知道，一定有祂的理由，那我們就不需要、也不應該知道。

「啓蒙主義」重要的貢獻與成就，就是質疑、動搖了這些過去的標準答案。「啓蒙精神」就是要用理性探索，取代原本由上帝、教會、神學專斷把持的答案。「啓蒙主義」帶著樂觀、自信的昂揚精神，果決、大膽地挑戰、推翻舊答案。不過，既有的舊答案被推翻了，至少是被趕到邊緣去了，新的替代答案卻沒有想像的那麼容易出現。「啓蒙主義」提出的理性、科學，短時間內還無法眞正取代上帝，沒有辦法像原

1 葛楚・史坦（Gertrude Stein, 1874-1946），美國作家，現代主義文學的代表人物。

來的上帝信仰那麼好用、那麼有用，可以讓大家安心安穩活在那樣的答案裡。

所以我們眞正看到的是：答案不見了，眞正代替的，不是新答案，而是對於答案的追尋，對於答案的追尋取代了答案本身，變成更有意義的生活基礎。人們花在找答案上的精力遠超過信奉、追隨任何單一的答案。十九世紀的歐洲之所以偉大，就是因爲那是一個找尋答案的世紀，每一個人都以不同的形式參與去找尋答案。十九世紀的歐洲最特別、最特殊的不是他們提供了什麼樣的答案，而是他們勇敢無畏地問了那些大問題，又以實質或心靈的冒險去探索答案，或至少是開發提供答案的可能性。

在這過程中，問了很多問題，找到了很多答案，然而沒有一個答案能夠取得普遍的、恆久的權威。探索開出那麼多條不同的路，湧現了那麼多暫時的答案，前面的答案剛建立，後面新起的答案就將它推翻；或是前面的答案剛建立，就又被新的問題朝向它的事實或邏輯根源往後推。幾十年、上百年下來，那麼多追求、那麼多答案，反而讓終極的、確定的答案愈來愈遙不可及。

爲什麼在十九、二十世紀之交，會出現「現代主義」的潮流？一種解釋是：歐洲人對於追尋答案這件事情，發生了態度上的根本改變。以前認定的前題是：我們沒有答案，所以要去追尋，這是所有一切生活意義的源頭。「現代主義」卻給了一項驚人的揭示，一項停歇與反問：「等等，有人證明過，真的最重要的事就是去找答案嗎？」要證明真的最重要的事是找尋答案，那至少必須先弄清楚，我們知道自己到底在問什麼問題，而且這樣的問題是值得問的。

換個方式說，「現代主義」將人存在的意義往後推了一步，把本來人們興致勃勃探問的問題，放進到多一重的括號裡，在開始回答之前，先確認：這樣的問題是有意義的問題嗎？是該問的問題嗎？是值得問的問題嗎？「現代主義」之所以「現代」，因爲它製造了與傳統時間上的斷裂，翻轉了過去認定爲理所當然的價值——答案很重要，追求答案很重要。「現代主義」不接受這項價值，它不覺得答案一定比問題重要，它甚至不確定我們眞的想要、眞的應該去追求答案——"In that case, what is the question?"

「現代主義」之前的各式各樣哲學思潮、藝術主張，基本上都在給答案、在呈現答案、在解釋答案、在分析答案，或在揭露追尋答案的過程。至少在顯示對於尋找答案的熱情態度。「現代主義」很容易令人不安，因爲它跳開答案，要退一步去提關於問題的疑問，堅持不讓人拿這種關於問題的疑問來當作答案。「現代主義」不接受、不相信現在已經是可以給答案的階段。

「難，是我故意的！」

葛楚．史坦是這波「現代主義」潮流在文學方面的重要先鋒。她一八七四年出生於美國，畢業於Radcliffe College。今天美國不存在獨立的Radcliffe College，這個學院已經併入哈佛大學。史坦那個時代Radcliffe College只招收女生，實質上是哈佛大學的分校，就是因為哈佛大學的本科部哈佛學院只收男生，所以才另立新的學院，讓聰明優秀的女生也能接受哈佛的教育。

史坦在Radcliffe College遇到許多重量級教授，其中對她影響最深的人是在哈佛教心理學的威廉．詹姆斯（William James）。威廉．詹姆斯很欣賞史坦，鼓勵她研究心理學。史坦還不到二十歲，就在心理學領域完成重要的實驗，研究「自動現象」。什麼是「自動現象」？那是有些人在受催眠的狀態下表現出來的特殊能力，可以同時進行兩種智力活動，例如一邊講課、一邊寫和正在講的內容全無關聯的稿子。進入催眠狀態才會有這種一心二用的神功，依照史坦的研究解釋，那是因為其中有一種能力被置放在「自動」狀況下。

也就是說，只有一種能力，是在顯意識層，照著本來的方式發揮；另外一種能力，則不進入顯意識，由內在潛意識自動運作。因爲分屬兩種不同意識層次，才能不互相干擾，可以同時進行。「自動現象」證明了人的意識分流動態，以及意識分層結構。

大學剛畢業，仍然未滿二十歲，葛楚．史坦就和哥哥李奧．史坦（Leo Stein）離開美國，去到當時全世界的文化、藝術、學術中心——巴黎。在巴黎，史坦認識了托克萊斯，和托克萊絲結成了顯然是同性戀的情人關係。

到今天，巴黎的蒙帕納斯區仍然留著史坦的故居，27 Rue de Fleurus。留著這間房子，大有道理。有十幾二十年，這房子是巴黎最先進的沙龍，也是巴黎最前衛的畫廊。具備開創性的藝術家，熱中於參加這個沙龍的活動，然後就將他們的作品賣給史坦兄妹。畫廊裡有高更、塞尙等後期印象派大師的作品，也有以反抗印象主義爲號召的年輕一代如畢卡索、馬諦斯等人的作品。老的少的，知名的、混跡的藝術家，都齊聚在史坦家；他們剛剛完成的各式風格作品，在史坦家牆上排排站。

在巴黎，葛楚．史坦放棄了對於心理學的研究，轉而投入文學創作。她出版的第一部作品，書名叫做《美國人的形成》（*The Making of Americans*）。我在美國留學時曾經買過一次這本書，但現在不在手上，要搬回台灣時沒有帶回來，因爲我當時相信自己一輩子不會去看這本書，豪不猶豫地把書送給了朋友。《美國人的形成》這一本恐怖的書，那個時候在美國能找到的，只有一種版本，九百多頁，厚厚一大本，像字典似的，更恐怖的是裡面的字排得密密痲痲，也幾乎和字典一樣密！印象中，我大概讀了二十多頁吧，很快就在心中懷疑地問自己：「我眞的有辦法讀完跟一本字典一樣多的字嗎？值得嗎？」我問周遭的朋友，包括專攻美國文學的研究生，啊，沒有一個人讀完過這本書，甚至沒有一個人讀得比我多。我安心地放棄了這本書，反正我不會是第一個，也不會是最後一個讀不了《美國人的形成》的人。

我當然錯了，把那本書丟掉。我後來發現了，這書其實有它的道理，也就有順應著那道理的特別讀法。我接觸葛楚．史坦其人其作時，已經聽說《美國人的形成》是一部重要的「現代主義」經典，而且是「現代主義」經典中最少人讀的一本。這個頭銜，不簡單，表示《美國人的形成》甚至比喬哀思的《尤利西斯》更難讀、更少人讀。但我當時沒有自覺地去探問這裡面的矛盾——爲什麼幾乎沒有人讀過的書，還能夠變成經典？都沒有人讀，怎麼知道它好？沒有讀，又怎麼主張這本書是一部具有文學史意義的經典呢？

這問題的答案應該是：《美國人的形成》這部書的經典條件，正就在它的艱難程度，它因爲太難讀了而成爲經典。任何人，包括我，不需要讀完全書，都知道這本書很難很難讀，而且稍微用點心，你也就能確認這本書不是不小心寫成那麼難讀的，不是因爲史坦能力不足寫壞了所以變得那麼難讀，每一行每一頁你都看得到史坦大剌剌、挑釁地表示著：「難，是我故意的！」

這是一部擺出囂張姿態去挑戰傳統敘述的書。傳統敘述有一種基本慣性，要把話說清楚。敘述（narrative）本身就帶著一個假設與一份道德責任，the ethics of narrative。敘述的源頭，是聆聽者給予的注意，讓敘述者擁有敘述的權力。賦予敘述權力的這種聆聽與注意的態度，同時也就給予敘述與敘述者一定的限制、要求，你得有把握你所敘述的，是值得敘述、值得聆聽的；還有，你得有本事將話講清楚，讓聆聽者付出的注意能有所收穫。

我們所習慣的敘述，是經過整理的內容。這是很難打破、也沒什麼道理要打破的慣性。就像一個老師站到講台上，我們自然就假定他不會想到什麼講什麼，隨口胡說一通，他會、他應該講出事先整理過、準備好的內容。

敘述是整理過的，對應對照於我們的自然感受與思想。感受與思想是凌亂、混雜的，然而我們一旦要將感受、思想表達出來，形成敘述傳遞給人家，就會有壓力必須收拾凌亂、去除混雜，將敘述編織在一種較爲正式的秩序裡，也就是建構一種敘述的秩序。我們長期接受日積月累的訓練，將這種敘述的慣例與責任深植到內在規範中，尤其是使用文字時該有的秩序要求，又比說話的敘述更嚴格。

葛楚·史坦以及她同代的「現代主義」的作家，開始挑戰、反叛這樣根深柢固的敘述慣性。史坦的心理學研究背景，使得她能夠比一般人更加敏銳地察知這份慣性的存在及其強大的約束力量。一般人往往以爲自己講的話，就是自己心裡想的。心裡怎麼想，嘴上就怎麼講，以爲這是同一回事。史坦研究「自動現象」的經歷，讓她很容易看出這不是一回事，這中間有差異，有一段自動整理的過程被忽略了。人的思想、感受變化，遠非語言、敘述所能追得上的。眞實的思想、感受流變不會立即浮現成爲我們說出來的敘述。

九百頁的喃喃自語

在她的小說裡，葛楚·史坦要打破之前所有小說遵循的慣性寫法，努力試圖還原未被整理前的非敘述。相較於史坦的《美國人的形成》，就連喬哀思的《尤利西斯》（*Ulysses*）看起來都還更整齊些。《尤利西斯》是由意識流組構而成的，像是我們內心眞正獨白的忠實紀錄。在內心裡，我們其實很少把一句話有頭有尾說完，更不會在意自我沉默獨白中前一句和後一句有什麼邏輯關聯。思考與不斷變換的感官訊息錯雜在一起，一直跳躍、一直跳躍。喬哀思將一個人的跳躍獨白記錄下來，形成了《尤利西斯》的核心內容。

葛楚·史坦的作法，比喬哀思更激烈，野心更大。她不只要記錄未經整理的意識流，她還要以對照的方式，讓我們清楚感知非敘述與敘述之間的巨大差異，進而體會非敘述比敘述更龐大、更有力。小說的前面史坦先用一種傳統的方式講兩個人的成長遭遇，而且刻意將那樣的經驗寫得很平庸、很無聊。然而到了讀者應該失去耐心的時候（我當年還沒撐到這一點，就失去耐心放棄閱讀了），會有橫空襲來的一個新的敘事聲音，突然說：「我跟你講這些東西有什麼意義？眞是不知道到底我爲什麼跟你們講這些東西？」這樣的喃喃自語取代原來的敘述：「我爲什麼必須要講這件事情？我在說的這件事情它本身的意義是什麼？」再下來，敘述與喃喃自語，整理前與整理後的訊息開始彼此交錯、混雜，在那過程中，讓讀者同時看到原始材料、敘述的改造，以及改造後的結果。

書中充斥了許多既不是敘述、也不是情節、也與角色無關的東西；充斥了作者對於「說」這件事情本身的種種猶豫、考慮，乃至自我懷疑、自我否定、自我怨恨。也就是說，書的主題轉而變成作者後悔寫了這樣一本書，滔滔不絕地告訴讀者，寫這樣的東西是沒有意義的，反正就算我寫了，你們既讀不懂也不在乎我寫了什麼。

「I mean I mean and that is not what I mean.」這是書中典型的句子。先說，「我的意思是」，然後如同結巴般再講一次「我的意思是」，感覺上連要用「我的意思是」來作爲句子開頭，她都還在猶豫、沒有把握。而她要說的，是「我的意思就不是我的意思。」再接下來，「I mean that not anyone is saying what there are meanings. I mean that I am feeling something.」不是每個人說的話都是有意思的，但我現在覺得好像有什麼意思要說。那她要說的是什麼呢？「I mean that I am feeling something. I mean that I mean something and I mean that not anyone is thinking, is feeling, is saying, is certain of nothing. I mean that not anyone can be saying, thinking, feeling, not anyone can be certain of nothing. I mean I am not certain of nothing. I am not ever saying, thinking, feeling being certain of nothing. I mean I mean I know what I mean.」九百頁小說的大部分篇幅，就是用這種語法寫成的。混亂、分裂，沒有明確的秩序，更沒有可以提供閱讀指引的組織。更重要的是，沒有明確的訊息在這漫長的書寫中傳達出來。

九百頁的篇幅中，有很多很多反覆，反覆的字、反覆的句子、反覆的段落、反覆的意思，當然不是單純的反覆，是將已經講過的話再講一次、再講一次、再講一次，每一次改動幾個連接詞，或改動字詞的排列順序，或者是加上否定、質疑的口氣。造成了眞的很不容易克服的閱讀經驗，任何一個句子都很muddy，混濁混亂，經過幾次反覆，你好不容易好像搞懂了這句子的意思，突然，下一個句子，仍然是反覆，但前面莫名其妙地加了「It's not I mean」或「I mean not I mean」，於是原本好不容易懂了的，又立刻變不懂了。

《美國人的形成》是本經典，因爲它創造了一種narrative，書中的敘述要讓你體會、讓你意識到人的語言與說話，和平常在書中讀到的，由文字組成的敘述，是多麼不眞實的東西。如果眞實意味著回到我們進入敘述狀態前的感覺與動機，引發我們想要敘述的那種經驗與感受，那麼一旦開始敘述，原來的經驗與感受就一定要被整理爲可敘述的內容，就不再是原來的東西了。

藉由這樣的寫作，葛楚・史坦在提醒：我們總是寫出、也總是只能看到，整理過的東西，整理前的原始狀況（instance），刺激創造出敘述動機的那個眞實時態，卻在整理過程中消失了。回到那個眞實時態，那麼人要講要寫的，沒有那麼乾淨、整齊，也沒有那麼單純明白。

藉由這樣的寫作，葛楚．史坦還要顯現語言這個現象的本體。語言這個現象的本體，比我們想像的、我們願意承認的，來得麻煩些。訴說、書寫下來的語言，不是語言的全貌。在其背後，有說不出的（unuttered）語言，眞實存在卻沒有被說出來，沒有要被說出來的語言。我們用語言思考，也用語言感受，然而我們用來感受、用來思考的語言，和我們用來訴說、書寫的語言，不全然相同。我們很容易想當然耳以爲說出來的和不說出來的語言，是同樣的，但其實不是，眞的不是。

葛楚．史坦的小說，以及許多「現代主義」的作品，就是試圖要還原、捕捉那「另一種語言」，我們內在感受、思考，沒有被敘述整理過的語言（unuttered language）。Unuttered language充滿了重複，充滿了碎詞，充滿了好像一直在繞圈圈的東西，如果你明瞭了這是整理前的內心語言的眞實複製，那樣的語言非但不囉嗦、不艱澀，反而帶有一種未經中介的直接、直率（immediency），因爲它更接近日常生活中，絕大部分時間我們所使用的語言。

絕大部分一般人在日常生活中，使用內在不講出來的silent language的頻率、次數，遠超過uttered language講出來的語言。其實我們大部分時間活在混亂、混淆、錯亂、未經敘述整理的語言當中。但是每當想到「語言」、講到「語言」時，我們卻總以表面的、整理後的語言爲對象，以爲那才是「語言」。

葛楚・史坦在九百頁的小說裡，就是還原、提供了這樣超級囉嗦、但其實也超級簡單的語言，更接近現實的語言。如此對照出：簡潔、有條理的敘述，不是眞的那麼天經地義，不是我們運用語言的唯一方式，甚至不是我們運用語言最普遍最平常的方式。

史坦的書，很有影響力，即使沒有幾個人讀過這本書，更少有人讀完這本書。這本來就是不需要讀完的書。寫得那麼長、那麼囉嗦，讓人讀不完，是其魅力、影響力的一部分。稍稍接觸這本書，就能給寫作者帶來如雷灌頂的啓發，是的，我們不必然要一直寫表面的語言，有一個更龐大的內在沉默語言的世界，就在每個人身體中，等著我們去探索。

立體主義的暗示

葛楚・史坦會寫出這樣的作品，一個深刻的影響源頭，是前面提過的心理學研究經驗。那個時代的心理學，不管是佛洛伊德的那種，或史坦的老師威廉・詹姆斯的那種，基本傾向都是在心理層面把人拆解開來。其前提是不再將人看作一個整體，挖掘出在人格與心理上，人的幾個不同，甚至衝突、矛盾的部分。

史坦所受到的第二項深遠影響，是她去到了巴黎，融入在當時巴黎如火如荼展開的視覺藝術革命氣氛裡。正在思考、試驗「立體主義」的畢卡索[2]和他的朋友們，就經常在史坦居住的**27 Rue de Fleurus**進進出出。葛楚・史坦參與了他們的討論，並給予他們許多鼓勵。

乍看「立體主義」的畫作，包括畢卡索這個時期的作品，讓很多人覺得莫名其妙。畫裡的女人不像女人、吉他不像吉他，沒有讓我們覺得美的形象，也沒有讓我們讚嘆畫家描摹工夫到家的逼真表現。很多人抱怨：幹嘛畫這種莫名其妙的東西，爲什麼你們不能像莫內那樣好好畫荷花，或像雷諾瓦（Pierre-Auguste Renoir）那樣好好畫鄉間舞會呢？不過如果你讀過葛楚・史坦討論「立體主義」的一小段話，或許就能夠換一種不同的眼光來欣賞、了解「立體主義」了。

她說：「This one（「立體主義」的畫）was always something that was coming out of the one（畫中總是某種東西要從裡面冒現出來）a solid thing（堅固、堅實的東西），a charming thing（迷人的東西）, a clear thing（清楚、清澈的東西）, a complex thing（複雜的東西）and interesting thing（以及有趣的東西）, a disturbing thing（讓人不安的東西）, a abomination thing（令人厭惡的東西）, a very pretty thing（很漂亮的東西）.」

這句話很簡單，卻精確地提示了我們接近現代藝術的方式。這句話其中的一個重點，就在告訴我們，「立體主義」的畫（其實也包括「現代主義」的文學），其意義不同於我們過去接觸的藝術作品。以前的藝術作品，本身是訊息——統一、一致訊息——的承載者。一幅畫中所有的構成成分，顏色、構圖、線條、分布……要形成一個整體，藉由這個整體傳遞給觀者一種感覺。畫作是這個意義的承載者、傳遞工具，一幅畫成不成功，就取決於是否能將那樣的整體意義表達出來。

「立體主義」的作品不是這樣，它是訊息的暗示，不再是意義的載具。它沒有要把你吸進去，而是「This one was always something that was coming out.」會有不同的東西浮現出來。接下來史坦就描述了從裡面要浮出來的是什麼，她的描述是錯亂的，

2 畢卡索（Pablo Ruiz Picasso, 1881-1973）和布拉克（Georges Braque, 1882-1963）一同建立了二十世紀初的立體主義（Cubism）風潮，追求碎裂、分離再重組畫面的表現手法，影響了後來許多藝術流派。

羅列了一堆相異的、矛盾的形容，說浮現出來的是堅實的東西、是清楚的東西、是有趣的東西，但同時又說那是令人討厭的東西、令人不安的東西。這個長句到底在講什麼？在講「立體主義」乃至於現代藝術最大的追求、最大的成就，就是能夠同時承載、傳遞相反的感受。這個現實世界裡原本不能共存的，被容納在同一件作品裡。

這就是暗示的作用。畢卡索的畫，是一組暗示。畫面上沒有固定的形象，說不清究竟在畫什麼，依照不一樣的角度、不一樣的想像、不一樣的假定，你會在其中看到很溫柔的東西，或看到很冷酷的東西，你會看到讓你覺得很親近的東西，也可能會看到如惡魔一般的東西。不同的訊息、不同的元素、不同的感受，理所當然並存在這張畫裡。

史坦是這樣羅列的：「a solid thing, a charming thing, a clear thing, a complex thing and interesting thing, a disturbing thing, a abomination thing, a very pretty thing.」結束在「a very pretty thing」，很漂亮的東西，加了「很」，前面一連串東西都沒有的副詞「very」。藉由這麼簡單的文字轉折，史坦要告訴我們：現代藝術、「立體主義」最迷人、最漂亮之處，不在於作品本身是漂亮的，而在於一幅作品可以同時包藏這麼多不一樣的東西，這是它最漂亮的地方。一幅畫、一篇小說、一首樂曲，會像源泉般一直不斷冒湧著，對不同的閱聽者冒湧出不同的東西，它不會靜止停留。

不跟著史坦的海明威

有一段時間，葛楚．史坦在巴黎占據著「現代主義」運動的中心位置。她接待了許多新一代對於歐洲文化藝術有興趣的美國年輕人。這些人帶著朝聖心情到了巴黎，一定會去找史坦。史坦將這些去巴黎朝聖、尋求她協助引領的年輕人稱爲「失落的一代」（the lost generation），他們對美國失望，在美國找不到自己可以安身立命的環境，所以遠赴歐洲。他們想到歐洲找到他們可以立足的根（rootings），然而他們去到的歐洲，卻正在將過去存在的所有rootings拔掉，怎麼可能提供他們rootings呢？所以他們失落了。

在巴黎和史坦混了很長一段時間的美國年輕人，包括了《大亨小傳》的作者費茲傑羅，也包括了海明威。海明威一九二二年以駐外記者的身分去到巴黎，很快就和史坦混得很熟。同時間也在巴黎，海明威的另一個好友，是詩人艾茲拉．龐德（Ezra Pound）。龐德是個比海明威、史坦都還要古怪的怪人，後來投靠了納粹德國，以至於在第二次世界大戰之後，被美國法庭正式以叛國罪起訴、受審。

海明威、龐德他們從葛楚．史坦那裡，透過生活關懷，而不是書本討論，領受到了什麼是「現代主義」，理解了「現代主義」的內在精神。但海明威沒多久之後和史坦鬧翻了，那是他寫作生涯中一件相當重要的事。

海明威比史坦晚了將近二十年去到巴黎，二十年間，歐洲經歷了一項巨變，那就是第一次世界大戰。史坦在一九〇三年去巴黎，離一九一四年還有很長的一段時間。海明威卻是在戰爭結束，而且戰爭的後遺症已經開始在改變巴黎的年代才去的。史坦個性強悍，自我主張強烈，是個教母型的人物，海明威有時根本就把她視爲男人，直接稱托克萊斯是史坦的「太太」。史坦很習慣人家用一種尋求指導的姿態到巴黎找她，可是，海明威個性也很強悍，他從來沒有像其他人一樣炫惑於葛楚．史坦經歷參與創建「現代主義」的光彩風華，沒有成爲史坦的追隨者。

雖然年輕，然而一件事給了海明威自信，連對史坦這樣的人物都不會完全買帳。那就是他經歷過戰爭、上過戰場。史坦當然沒有上過戰場，戰爭四年間，她和其他「現代主義」藝術家都混在巴黎蒙帕納斯，這些人沒有一個知道戰爭是怎麼回事。

海明威在巴黎甚至不願住在蒙帕納斯，而去住在拉丁區。聽史坦及其追隨者談

「現代主義」，海明威很快就感到不耐煩。他覺得在戰爭經驗之前，他們所談的人的困境，談如何用藝術來探索、表現人的困境，都如此間接、表面。戰爭使得他們所問的問題，失去了合法性，變得不值一問。

沒辦法，海明威他眞的去過戰場、親歷了第一次世界大戰。海明威出生於一八九九年，一九一四年戰爭爆發時，他還未成年，就算到了一九一八年，大戰的最後一年，美國正式參戰，他也還不到二十歲。但他自願響應了紅十字會的號召，去擔任戰場上運送傷兵的救護車駕駛員。小說《戰地春夢》前面的戰場情節，基本上是自傳性的。海明威在一九一八年六月抵達義大利前線，眞正參與了戰鬥，負責來回駕駛救護車，沒多久，一九一八年的七月八日，他就因砲擊受傷了。

海明威的戰場表現，還替他贏得了一枚勳章。授勳的表揚令上說：他不顧自己身上的傷，將一位受傷更重有生命危險的戰友背到救護站，救了那個人。《戰地春夢》裡如實描述了他受傷的經過，是替大家準備晚餐，拿著一堆食物要回營帳時，敵軍發射的一枚迫擊砲彈在附近爆開，破片刺穿了他的雙腿。不過小說中卻特別描述主角其實並沒有眞正將重傷戰友背到救護站，這件事是不正確的傳言。

第一次世界大戰的傷痕

《戰地春夢》是基於海明威在第一次世界大戰中的真實經驗寫成的。受傷，被送至野戰救護站，再轉送到米蘭，在米蘭待了六個月，在那裡遇見一位美麗的護士，都是十九歲的海明威的真實經歷。不過現實裡，快要二十歲的海明威和美麗護士纏綿悱惻，心中想著要結婚時，對方卻決定跟別人結婚了。換句話說，海明威被劈腿、拋棄了。美麗護士的決定，其實不難理解。畢竟美麗護士比海明威大八歲，想必在感情上比他複雜、有經驗多了。

這是海明威的初戀。隔了十年，他都還忘不掉，才寫成了小說。他忘不掉，毋寧是可以理解的。參與戰爭，不管參與什麼樣的戰爭，置身在生死火線上，都是非常經驗。何況，海明威參與的是第一次世界大戰。何況，他還在戰爭中經歷了人生的初戀。要他怎麼忘得掉、放得下呢？

第一次世界大戰是場荒唐的戰爭，爆發戰爭的原因是荒唐的，戰爭擴張到前所未見的規模是荒唐的，戰爭主要的壕溝戰打法是荒唐的，那麼多荒唐加在一起，卻在短時間內奪走了幾百萬歐洲年輕男人的生命，這個結果，更荒唐。

戰爭之前，已經有「現代主義」的思潮，在反省、質疑人類行爲眞的是理性的嗎？眞的有意義嗎？第一次世界大戰，逼迫更多人面對這樣的反省與質疑。戰爭是如此極端的手段，帶來如此龐大的破壞，大到任何解釋戰爭、合理化戰爭的說法，都顯得支撐不住、搖搖欲墜。人類文明中，出現過許多戰爭的理由，許多冠冕堂皇的說法。甚至說，如何解釋戰爭、建構對於戰爭的信念，本身就是一種奇特的人類文明成就，其間動用了多少智慧與口舌，讓破壞、殺伐看起來、聽起來那麼有道理，是非做不可的事。

但這些戰爭的理由與信念，在第一次世界大戰中，受到了空前的質疑、挑戰。十九世紀末，諾貝爾發明了「安全火藥」。「安全火藥」這個名字充滿了反諷意味。從火藥運用上，的確，諾貝爾的巨大貢獻，是讓火藥變得比以前安全得多。但如此一來，火藥變得方便，大家都樂於使用火藥，卻讓這個世界變得空前危險。諾貝爾自己親眼目睹了這樣的反諷發展，後來才會決定以從火藥上賺來的龐大財產，成立「諾貝爾獎」；「諾貝爾獎」最核心的獎項，是「和平獎」。

諾貝爾的發明，徹底改變了武器的製造與運用。差不多同一時代，萊特兄弟又發明了飛機。人造的飛行機具也是在第一次世界大戰中，首度被運用在戰場上，使得戰爭的恐怖殺傷程度，更超越之前的想像。事實上，過去對於戰爭的所有理論與想像，在這場大戰中通通失效了。武器的發明、發展跑得太快，關於如何運用、規範這些武器的思考來不及跟上，戰爭就爆發了。

也因爲這場戰爭，以最錯綜複雜，又最沒有道理的方式爆發。第一次世界大戰是長達三十年間，歐洲各國自以爲是、爾虞我詐，沒有任何共同秩序情況下，進行了重疊、祕密的外交活動的結果。每個國家都基於自己的利益，用祕密協約去建構聯盟關係，搞到最後，一樁小小的衝突，一次失算的動員，就因爲各國都有聯盟利益，彼此牽制，結果全歐洲的國家都被捲入，大家都下不了台，只能都動員起來參戰。

由於武器技術的大幅進展，戰爭很快就陷入了僵局。新的火砲、衆多槍枝，加上可以從空中投擲炸彈的飛機，使得戰場上的攻勢幾乎變成不可能了。部隊從壕溝中一爬出來，立刻就暴露在地空雙重的火力下，造成巨大傷亡。守著兩條壕溝，對戰的雙方誰也攻不到別人的壕溝去，只能對峙著，長達四年的對峙，把後方的年輕人送到前線來，這邊進攻一下，死傷過半狼狽退回，然後換那邊進攻一下，又同樣死傷過半狼狽退回。壕溝裡的部隊少了、不夠了，就再將新的一批年輕人送上去。

戰爭造成的破壞如此巨大、如此恐怖，每個人都看得到、感受得到，但爲什麼打這樣一場到處家破人亡的戰爭，卻誰也說不清楚。不只是戰場火線上的人說不清，後方擔心兒子、兄弟傷亡的人說不清，就連參戰國的政治領袖都說不清。戰爭失去了政治理由，更不必說其他意義了。處於這種狀態下，人要不感到無奈荒謬也難吧！

第一次大戰對「現代主義」來說，是推波助瀾的巨大刺激，是火上添油。連直接以人命爲代價的戰爭都變得沒有意義了，那還有什麼是有意義的？或者說，那還有什麼意義是可以保存的？顯然，過去習以爲常的每一件事都需要重新思考一遍。思考的起點，就是葛楚・史坦臨終說的那句話：「What is the question?」不必忙著想答案，先搞清楚問題吧！或者說，在這種荒謬處境下，人被取消了回答問題的資格與立場，必須退回去先想問題再說。

海明威和史坦同樣活在這種思潮環境裡，所以很容易在巴黎產生同伴情誼，然而，大戰之後，既然刺激「現代主義」思潮的主要力量來自於戰爭傷痕，很快地，親歷過戰爭，覺得自己曾經以生命去思考戰爭的海明威，就受不了史坦的高姿態，她憑什麼擺出一副好像比誰都前進、比誰都了的姿態呢？

被逼出來的冰山理論

海明威十九歲時自願上戰場，他不是被迫捲入戰爭的，身邊周圍只有他一個自願從軍。上到前線遇到的第一件事，是一座修道院遭到轟炸，炸死了裡面的修女，他開著救護車去幫忙收拾，撿起被炸得體無完膚的屍體。不是用抬的，是用撿的。那是再具體不過，死亡最可怕最醜陋的展現。可是他後來回憶說，那麼年輕的時候，在戰場上，死亡無所不在，然而人心中會有一個奇怪的幻覺——覺得別人都可能死，隨時可能死掉，但就是你自己不會。

他接下來就描述，迫擊砲碎片擊中他那一瞬間立即的強烈感受。不是痛，而是那個幻覺消失了，突然領悟到早就該知道的：「原來我是會死的，我眞的會死，或許下一刻我就死了。」

這樣的感受，只有在戰場上才有可能體會。經歷了戰爭，尤其是如此荒謬的戰爭，及其帶來的無意義死亡威脅，人勢必對很多事情會有不同的想法，不同的看法。將近十年後，海明威將這段戰場上及戰場之後的經驗寫成小說《戰地春夢》，其實就是試圖給予戰爭的荒謬情境找到一個荒謬的解釋。我們不能說這場戰爭沒有意義，他不能用這種無意義的眼光來看戰爭，因爲戰爭成就了一段愛情，一段離開了戰爭就無從發生的愛情，不管戰爭造成了多大的損失，奪走了多少人命，它最後畢竟還是有意義的。

海明威的小說節奏明快，表面上看來非常容易閱讀，完全不會讓我們聯想起喬哀斯、福克納，更不像葛楚·史坦寫的漫長喃喃自語小說，因而我們經常會忘卻、忽略了他和「現代主義」之間，絕對分不開的時代、歷史與美學淵源。

海明威自知他和葛楚·史坦同樣置身於「現代主義」的巨大潮流之下，只是他找到了一條和史坦很不一樣的道路，來表現「現代主義」的根本關懷。史坦和喬哀思一樣，要將人內裡尚未經過「理性秩序化」的東西翻出來，讓讀者不再信任平常習用的語言，懷疑這套語言的表達效度。海明威和他們一樣不信任、甚至睥睨一般日常語言的敘述，然而他沒有要去挖掘這種語言之前的意識、意念，而是離開既有的習慣，用他自己的方式來進行整理。

他自己的方式，就是有名的「冰山理論」。這是個物理事實，冰的密度比水小，所以冰會浮在水上，露出大約十分之一的體積在水面。一座冰山漂流在海上，看去是個龐然大物，但它眞正的形體，百分之九十的體積，都還藏在海面下。讀海明威的小說，它永遠都像冰山一樣。就如同史坦描述「立體主義」原理的，那是暗示，而不是呈現與說明，他只寫了浮上來的暗示，讓讀者自己去找出所要呈現與說明的。

讀海明威的小說有一種容易、輕鬆的方式，就只讀表面浮上來的那部分，以爲那就是海明威要說的了。但這樣的讀法，太簡單因而也就太可惜了，錯失了閱讀海明威的重點。重點乃在如何讀出、想像出、從內心構築出冰山底下的那百分之九十，那讀出、想像出、從內心建構出的過程，會帶給我們最大的樂趣。

就像我們看同屬「現代主義」的馬諦斯[3]的畫作。馬諦斯比畢卡索更易於親近，幼稚園的小朋友都能對那樣的線條與色塊感到親切，直覺喜歡他的愉悅（merriment）、他的歡樂，從乾淨、簡單畫面傳遞出來。但我們做大人的，不能、也不可能這樣看馬諦斯。馬諦斯的簡單，不眞的是兒童的簡單，不是複製童稚情趣而已。馬諦斯的畫表面上的確有一種歡愉之美，孩子們就只接受到了那樣的歡愉之美。可是大人不會輕易相信一件藝術作品就只有這樣，我們會很自然地調轉眼光，將那樣的歡愉、那樣的美，視之爲暗示。那麼我們就會幽微地體認到背後的不安，背後的暴力。有人會覺得畫面上有一種悲劇性的記憶湧動著。

要了解馬諦斯，同樣地要了解海明威，我們可以先了解有一種人的成長經驗——

在充滿暴力或不確定因素環境中成長的孩子，長大了之後，他們常有一份異於一般人的心理反應。他們什麼時候覺得最為不安？不是有人對他大吼大叫，甚至對他動手動腳時；不是發生了什麼災難、喪失了什麼寶貴的東西時；不是某個生離死別的情境。都不是。而是當日子一切正常、一切美好，甚至還有幸福的事正在發生，對他們來說是最可怕的。他們會覺得「I don't deserve it」，他們不相信自己配擁有這麼美好的生活，他們害怕接下來一定會有神祕的力量出現，帶走、取消這一切。

我當然希望你們聽懂我在說什麼，不過矛盾地，我又暗暗希望有些人不能理解我所說的這種感覺。聽不懂的，是些幸運、好命的人，你們離「現代主義」、離產生海明威作品的那種時代悲愴很遙遠。也就離戰爭給人帶來的最大傷害很遙遠。戰爭、戰場最大的傷害，不是殺人與被殺，而是海明威在被炮彈擊中那瞬間感受到的——戰爭使你喪失了一種原來的青春本能，覺得自己不會死，不會那麼快死去，戰爭讓你不再相信有純然安全能夠好好活著、不受威脅的生命時刻。

當一切安安靜靜，所有事情都很正常，你就慌了，覺得腳下是空的，覺得不知道

---

3 馬諦斯（Henri Matisse, 1869-1954），法國畫家，野獸派創始人。

下一分鐘、下一刻鐘、下一小時或明天會發生什麼可怕的事，你不知道，正因爲不知道所以無法停止害怕。相較之下，病態地，你還寧可遭遇災難、忍受痛苦。災難、痛苦，讓你忙碌、占據你的感官，讓你無法分神去擔心、害怕。

是這樣的特殊心理情況，逼出了海明威的「冰山理論」。他寫表面的平靜，爲的是暗示、逗引出底下的惶惶不可終日。那麼深層、非理性的不安，無法用直接的敘述去碰觸，只能用暗示的手法讓讀者自己去挖掘。深層、非理性的不安，如果直接寫了，也就被理性化整理過了，也就不再有那麼大的威脅。

不論是海明威或馬諦斯，都有這樣的「現代主義」根源，如果忽略了這個背景，我們會把他們看得太過簡單、太過甜美。那麼原本在歐洲歷史情境下所富含的深層訊息就消失不見了。

成為硬漢的原因

《戰地春夢》裡的敘述者，始終用一種冷靜、無所謂的態度，記錄身邊發生的事。海明威替他承認了，他無法無視於戰爭帶來的威脅，無法再相信自己不會死，因而他的冷靜、無所謂就不單純是一種勇氣的表現，而是一種生命悲劇的反射。這種態度無法用簡單的方式來解釋。不是因爲他特別勇敢，不是因爲他特別厲害，不是因爲他特別麻木，所以就只能指向讓人好奇的某種經歷、某種形塑的力量。也就是要讓我們自覺或不自覺地疑問著：「什麼樣的遭遇、什麼樣的力量，會影響一個人去採取這樣的態度，冷靜、無所謂地看待再戲劇性不過、再巨大不過、再可怕不過的事情？」

從這裡，發展了淵遠流長的「硬漢小說」傳統，有了其他像錢德勒（Raymond Chandler）、漢密特（Dashiell Hammett）等傑出的偵探小說家，一直通向好萊塢的「暴力片」、「黑道電影」。「暴力片」最大的暴力不是發生在一場活活打死十個人的場景裡，「暴力片」的暴力邏輯是永遠飄忽在背景，不知道什麼時候會實現的潛在暴力，及其帶來的恐懼。柯波拉（Francis Coppola）拍的《教父》（*The Godfather*），片中最驚人的暴力，發生在一場溫柔美好的婚禮之後，恬靜安詳的黎明時分，在下一幕出現了一個血淋淋、剛砍下來的馬頭！

每一個「硬漢」之所以成爲硬漢，往往都是因爲他們已經受過太多暴力威脅、恐嚇，以至於不得不在心中如此設想：反正人有太多的機會、太多的理由下一分鐘就死掉，既然誰也沒把握下一分鐘還會繼續活著，既然死掉了就什麼意義都沒有了，那麼我幹嘛要對當前發生的任何事大驚小怪呢?當下強烈反應這個不行、那個不要,下一分鐘我死了,那每一個反應,不都成了笑話?人只有預期自己暫時不會死,還會活蠻長一段時間,才會對周圍的人與事,產生強烈的情感反應,不是嗎?

《戰地春夢》可以說是海明威的「硬漢」態度的起點。因為是起點,所以「硬漢」的成分還有點曖昧、有點猶豫,還會被好萊塢拿去拍成濫情的羅曼史電影。海明威真的沒那麼甜,他的甜是一種很無奈的甜,後面總是有很苦很苦的成分搭配著,冰山浮出來的部分有點甜,但重點在於召喚我們的勇氣,敢於潛水下去,去嚐嚐冰山壓在水面下的苦,看那是怎麼個苦法。

4 死亡的誘惑與意義

情感革命

前一陣子，我在電台的節目中，介紹了Dave Brubeck的CD，突然動了念頭，查了一下，眞的沒錯，Dave Brubeck出生於一九二〇年，九十多歲了，還活著，還在演奏。接著，又在電台節目裡介紹Chick Corea來台灣演出，Chick Corea當然比Dave Brubeck年輕多了，然而一看主辦單位的宣傳單，上面第一句話就形容Chick Corea「活躍樂壇超過五十年」，啊，有那麼久了？查一下，Chick Corea一九四一年出生，也已經七十歲，不是我想像中的壯年爵士樂手了。

突然有一個強烈的感受，這些人、這些事情、這些東西，構成我成長中熟悉的世界，而這個世界正在消失當中。說不定包括海明威、Dave Brubeck、Chick Corea在內的那個有爵士樂、有硬漢小說、有「現代主義」的世界，會比我更早就消失不見了。突然覺得我的生活，有很大一部分就在努力地搶救一個勉強還存在著，卻正快速淡出融化的世界。這個世界之所以沒有完全消失，一部分原因就是像我這種人還活著、還不肯遺忘，我還記得Dave Brubeck，我還記得海明威；還覺得Dave Brubeck的音樂、海明威的小說跟我切身相關。這個世界靠著一點堅持、強韌的記憶，不絕如縷地延續著。

我曾經那麼熟悉過的世界，眞的可能消失。等到有一天沒有人記得、沒有人談論、沒有人在乎，就算那些錄音、那些書還以物質的形式留著，然而實質上那個世界就沒有了。也就是說，存在依賴記憶，記憶不在就帶來徹底的毀滅。

這樣的觀念，引發我如此感慨的觀念，是十九世紀時在西方產生的。十九世紀的歐洲有種種發明，爆發了種種革命，創造出和以前很不一樣的生活環境，其中一項重要的變化，是「情感革命」。人如何感受這個世界，如何感受自己，如何產生與表達對其他人的感情，如何去愛與被愛，這些親密的面向，在十九世紀發生了巨大變化。今天我們習以爲常的許多情感，我們會理所當然地說：人天生就有如何如何的感情……這種話，絕大部分在歷史上都站不住腳。被列爲「天生」的感情，很大一部分都是在十九世紀歐洲才被開發、定義出來的。

二〇一一年是「民國一百年」，那一年中有很多以「民國」爲名目的活動，熱鬧得很，唯一遺憾的，這些活動對我們理解民國一點幫助都沒有，也對我們如何整理、認知這一百年來產生的歷史變化，一點幫助都沒有。「民國」是什麼？「民國」有什麼意義？「民國一百年」的時間代表了什麼？對我而言，這一連串問題，有一個很重要也很有趣的切入點——在一世紀的時間，從歷史上看很短很短的時間內，中國人、台灣人進行了一場試圖迎頭趕上西方情感模式的大變革。

一九〇〇年的中國人和一九五〇年的中國人，在情感上是兩種完全不同的人。一九五〇年的台灣人和二〇〇〇年的台灣人，在情感上也是完全不一樣的兩種人。

陳丹青和韓寒曾經有一場對談，談著談著，兩人把巴金的作品批評了一頓，批評他的文字很差、小說很難看，在大陸引起了很大的爭議。這兩個人我都很欣賞、很尊重，我也同意巴金的文字不好，然而他們看巴金的角度，實在弄錯重點了。

巴金的「激流三部曲」——《家》、《春》、《秋》——眞正的意義不在寫了多漂亮的白話文，甚至不在於寫了多棒的小說，而在於這部小說掌握了那個時代最重要的衝突。那是新時代與舊時代的衝突，年輕人和上一代的衝突，事實上就是兩代之間不同情感模式的衝突。家庭中兩代人的關鍵差異，環繞著對於感情的認知。下一代對上一代的反抗、革命動力，來自於「爲什麼你們沒有眞的感情？」的痛切質疑。

不過歷史的變化，充滿了反諷。巴金他們那一代，如此熱烈地擁抱、追求新的感情模式，視之爲生命中最核心的眞理，可是等到他們自己年紀大了，卻逃不掉輪到下一代用同樣的眼光、字句——「爲什麼你們沒有眞的感情？」——批判他們。這說明了感情模式的革命一直在變動進行中，將一個世紀的中國人都捲進去了，其路程上處處是崎嶇障礙。

中國情感革命的大將

「民國」的歷史，尤其是前期的歷史，有一個醒目的主題，用李澤厚的話說，叫「救國與啓蒙的二重奏」。意思是兩股強烈動機之間的拉鋸，一邊主張救國優先，一邊強調啓蒙更重要更根本。兩邊的意見都激發了龐大的熱情。

先是面對西方帝國主義侵略，接著又有日本在一旁虎視眈眈，中國幾度站在亡國的懸崖邊上，當然刺激出「救國」、「救亡圖存」的呼聲。不過另一方面，有人分析：中國之所以陷入這麼深的危機中，就是因爲國民太無知、太愚蠢，必須灌輸現代知識給中國國民，要不然國家是救不了的，就算這次救了，下次還是一樣要被欺負、要被威脅的。

「啓蒙派」積極提倡白話文，讓每一個人都能容易認字，去吸收知識，這種作法看在「救國派」的眼中，卻是緩不濟急的。人民還沒變聰明，國家已經先亡掉了，還怎麼啓蒙？「救國派」無可避免帶有強烈的菁英、「先鋒」態度，等不了國民改造、等不到社會改革，先由一群有眼光有本事的「先鋒」，指出正確方向，領導、甚至強迫國民跟著走，以集體統一的行爲先讓國家強起來再說。

事實上，啓蒙也是救國的手段，不過因爲牽涉到緩急輕重的判斷，「啓蒙派」與「救國派」之間，存在著高度緊張，產生了長達幾十年的反覆爭辯拮抗關係。一九四九年中華人民共和國的建立，在一個意義上代表了「救國派」的勝利，一個由仍然大部分不識字的農民組成的新國家出現，帶來了新的希望。

不過如果單純用啓蒙和救國的拮抗角力來整理這段歷史，那麼有很多東西就安放不進去了。例如說，徐志摩就放不進去了。徐志摩既不屬於啓蒙，也不屬於救國，但他不重要嗎？還有像周作人也放不進去了，他寫的那些小品文，算救國還算啓蒙呢？這些人，當別人栖栖惶惶救國唯恐不及、啓蒙唯恐不及，他們卻在那裡風花雪月，追求生活情趣，竟然還能在當時博得大名，這有公理可言嗎？這是怎麼回事？

只有脫開了後來整理出來的那條歷史敘述，試著還原那個時代的人的感受，我們才有辦法回答這個問題。那個時代的人眼中看到的徐志摩、巴金，之間沒有那麼明確的界線。就連胡適之和陳獨秀，之間也沒有那麼明確的界線。他們都屬於同樣的革命世代，都是革命潮流中的鋒頭人物。當時的人看到徐志摩，讀到他寫的那些文章，感受是震驚的、激動的，和讀梁啓超、胡適、魯迅一樣震驚、一樣激動。

徐志摩帶來的革命效果，並不亞於胡適。梁啓超、胡適一脈相承，推動的是知識上的革命，徐志摩則是推動情感革命的大前鋒。啓蒙的邏輯是，要救中國，先得改造中國，讓中國脫胎換骨變成像西方那樣的現代國家。改造中國，要學習人家的科學技術，然而，如果不先進行政治制度的改革，科學技術沒有機會在中國生根的。但如果不先改變國民的心態、國民的知識水準，那麼政治制度也無法有效移植進來。幾十年的試驗、推動，一層層往後退，到了「五四時期」，就退到了魯迅所說的「國民性」，也就是退到了主張應該先改造國民的心靈，心靈改革是一切的根本，也是一切的起點。

胡適喜歡說「重估一切價值」，喜歡討論「科學方法」、「科學態度」，這就不只是知識層面的改革了，而是心靈層面的。徐志摩比胡適更徹底些，也比胡適更吸引人些，他不像胡適般去講那些關於心靈的道理，他把自己的心靈，很不一樣的一顆浪漫心靈，展現在文字裡。等於是向眾多讀者示範一套人活著的不同方式，一種帶著濃烈熱情，不壓抑也不從熱情中退縮回來的新生活。這種生活，這種生活裡透顯出來的浪漫情感，是中國從前沒有的，甚至是中國傳統社會視之爲毒蛇猛獸，必欲去之而後快的。

痛罵學生的梁啓超

徐志摩和陸小曼的婚禮上，邀請了徐志摩的老師梁啓超來證婚。致詞時，完全出乎觀禮者意外，梁啓超厲色地罵了新人一頓：

志摩、小曼，你們兩個都是過來人，我在這裡提一個希望，希望你們萬勿再做一次過來人。婚姻是人生的大事，萬萬不可視作兒戲。現時青年，口口聲聲標榜愛情，試問，愛情又是何物？這在未婚男女之間猶有可說，而有室之人，有夫之婦，侈談愛情，便是逾矩了。試問你們爲了自身的所謂幸福，棄了前夫前妻，何曾爲他們的幸福著想？

古聖有言：己所不欲，勿施於人，此話當不屬封建思想吧，建築在他人痛苦之上的幸福，有什麼榮耀，有什麼光采？

徐志摩，你這個人性情浮躁，所以在學問方面沒有成就；你這個人用情不專，以至於離婚再娶。小曼！你要認眞做人，你要盡婦道之職。你今後不可以妨害徐志摩的事業……你們兩人都是過來人，離過婚又重新結婚，都是用情不專。以後要痛自悔悟，重新做人！願你們這是最後一次結婚！

之後，梁啓超在給兒子梁思成和媳婦林徽音的家書中，進一步說明了他的動機：

孩子們：我昨天做了一件極不願意做之事，去替徐志摩證婚。他的新婦是王受慶夫人，與志摩戀愛上，才和受慶離婚，實在是不道德之極。我屢次告誡志摩而無效。胡適之、張彭春苦苦爲他說情，到底以姑息志摩之故，卒徇其請。我在禮堂演說一篇訓詞，大大教訓一番，新人及滿堂賓客無一不失色，此恐是中外古今所未聞之婚禮矣。今把訓詞稿子寄給你們一看。青年爲感情衝動，不能節制，任意決破禮防的羅網，其實乃是自投苦惱的羅網，眞是可痛，眞是可憐。徐志摩這個人其實聰明，我愛他不過，此次看著他陷於滅頂，還想救他出來，我也有一番苦心。老朋友們對於他這番舉動無不深惡痛絕，我想他若從此見擯於社會，固然自作自受，無可怨恨，但覺得這個人太可惜了，或者竟弄到自殺。我又看著他找這樣一個人做伴侶，怕他將來苦痛更無限，所以想對於那個人當頭一棒，盼望他能有覺悟，免得將來把志摩累死，但恐不過是我極癡的婆心便了……。

「現時青年，口口聲聲標榜愛情，試問，愛情又是何物？這在未婚男女之間猶有可說，而有室之人，有夫之婦，侈談愛情，便是逾矩了。」「青年爲感情衝動，不能節制，任意決破禮防的羅網，其實乃是自投苦惱的羅網，眞是可痛，眞是可憐。」這是梁啓超指責徐志摩最主要的理由。仍然是基於一種人倫禮法高於愛情的價値觀，換句話說，徐志摩和梁啓超師生兩個世代最大的差異衝突，也就在如何看待感情這件事上。

梁啓超對於西方文化的理解、引介，都是放在公共面上。雖然梁啓超也提倡讀小說，但那意見是寫在標題叫做「論小說與群治之關係」的文章裡的。而這篇文章又是廣義「新民說」的一環。讀小說，因爲有助於「群治」，有助於打造「新國民」，可以從小說中獲取知識、增添公共意識。

梁啓超的「新民」，當然是「公共人」，他自己一生也都以「公共人」的身分與立場發言，包括在徐志摩婚禮上發言時都是如此。徐志摩也大量吸收了西方的思想、文化，但他比梁啓超走得更遠了，他在打造傳統中國社會缺乏的，中國人——包括梁啓超——極度不習慣的一種私人情感世界。在公共關懷上，梁啓超走得很前面，盡可能地努力去創造出西方式的「公共人」；但在私人領域，他卻還是個中國人，也就必定受不了徐志摩所展現、示範的浪漫情感。

再看看魯迅。魯迅的作品中至少有兩篇重要的小說碰觸到感情的革命轉化。一篇是〈藥〉，講革命志士被砍頭了，一般人民不會在意、也不想去理解革命的來龍去脈，革命志士犧牲的緣由，不會知道這些人的理想，更不會知道這些人是爲了解救他們而獻上了自己的生命，他們念茲在茲的只是要在行刑的當場，想辦法用饅頭去沾死人的血，拿回來當作治肺病的藥。小說很諷刺的取名爲「藥」，顯然源自於魯迅當年學醫時曾有過的領悟——醫人的藥和醫社會的藥，哪個重要？那些如此誠心地去求取沾血饅頭的人，就算藥有效讓他們活下來了，又有什麼意義呢？眞正能治社會的，是革命，但獻出革命熱情的烈士，在一個缺乏正常感情，無法被熱血感動的社會，卻只能被如此對待。

與〈藥〉相呼應的，是《阿Q正傳》的結尾，那也是寫砍頭的。阿Q被架在囚車上，一路遊街朝法場去，阿Q突然想起來，好像應該有所表示，模仿著喊出了半句：「二十年後又是一個……」然後，就從人群中冒出喝采的叫好聲。魯迅特別形容，那是好像豺狼嚎叫的聲音，引發阿Q想起了過去曾經遇見一隻餓狼的可怕經驗。這些人，像餓狼一樣等著要把阿Q吃掉。

魯迅寫〈藥〉、寫《阿Q正傳》中的殺人砍頭場面，背後有個對照，以西方十九世紀看待死亡的方式，對照中國人看待死亡的方式，以諷刺的方式表達了他的指責與無可忍受。對魯迅而言，對比魯迅更年輕一點的一代進步青年而言，死亡不應該那麼輕佻，更不可以那麼庸俗。他們眼中看到的自己的社會，如此不可思議：「爲什麼就連面對死亡，你們都無法有一點認眞的、悲哀的莊嚴呢？」

如何看待死亡，也是感情的現代革命中突出的一環。

看待死亡的新方法

死亡有其歷史。意思是不同社會不同時代，會用不同的態度看待死亡。死亡的形象與意義，一直在改變。十九世紀的歐洲發展出了一種新的，不只不同於東方，也不同於歐洲以往看待死亡的方法。這件事情影響極其深遠。

變化的源頭，還是來自上帝觀念。西方文明中，上帝如此重要，因爲上帝如此有用，很長一段時間裡，人對於無法理解、無法解決的事，就推給上帝。上帝，以及在俗世裡代表上帝的教會，一定可以提供答案。

十八世紀、十九世紀，理性大幅發展，質疑、進而推翻了上帝的權威，這固然是進步，卻也必然帶來巨大的失落感。凡事都有上帝在背後保證一定有答案、有解決的依賴安心消失了。後來的人，會回頭嘲笑那些沒有跟上腳步，還堅持相信舊信仰的人。那些堅持地球仍是宇宙中心的人，那些不相信是地球繞著太陽走的人。不過我們常常忘記了，放棄舊信念，對這些人產生的衝擊有多大，他們必須隨之調整的幅度有多大。那不是單純接受地球繞著太陽走這個事實就好的。

那是牽一髮而動全身。歷史上的弔詭在：往往拒絕相信新事實的人，比擁抱變化的人，更清楚預見了變化的發展。他們之所以拒絕相信太陽爲宇宙中心，因爲他們明白變化不會停留在把太陽擺放到中心就好了。一個變化會牽連出另一個變化，威脅到整套系統的存在。如果是地球繞著太陽轉，而非太陽繞著地球，那麼相對於太陽，地球不是中心，那麼我們怎麼能防止下一個問題隨之而來？爲什麼在龐大的宇宙中，上帝選擇了這個偏處太陽系第三軌道上的星球，在這裡依照祂自己的形象造出人來？以前相信太陽繞著地球，地球就是宇宙的中心，多好多方便，上帝當然也在宇宙中心。一旦地球繞著太陽轉，原本理所當然的上帝創造論，就變得需要特別說明、解釋了。

這些拒絕接受天文事實的人，比發現事實、主張事實的人更清楚知道，一旦開了頭，那不是取走了一點上帝權威的問題，而是環環相扣的上帝創世論遲早會全面徹底瓦解。的確，十八世紀啓蒙運動興起之後，上帝所扮演的角色大撤退、大縮水了，於是製造出許多空白，有待重新塡補新的內容。

例如死亡。死亡在過去的西方基督教傳統下，不算頂重要。天人兩隔，當然會帶來強烈的哀傷，思念當然會帶來強烈的痛苦，不過因爲有上帝、有信仰中的另一個世界，所以死亡不會是絕對的，生與死不是徹底斷裂的，中間有著由上帝和教會所保證的連續性。有了上帝，有天堂地獄，死亡不過就是生命轉車的月台。像是我們一起搭山線火車，到了竹南，你獨自下車跨到旁邊的月台上，改搭海線列車。這個時候山線南下的列車上沒有你了，不過我不會太擔心，也不會太想你，更不會太難過，因爲我可以在想像中知道你在海線列車上，現在經過大安往大甲去了，我看不到你，你不在我的列車上，可是你還在啊，你只是轉移到另一輛列車上。

藉由上帝的存在，人離開了人間，就去了天堂或煉獄或地獄。但丁在《神曲》[1]的〈天堂篇〉中，藉由幻化爲引路天使的Beatrice解釋：因爲人和天使一樣，都是依照上帝的形象做成的，所以就取得了其他的非生物、生物沒有的特質——可以恆久存在，死後都還能以靈魂的形式存在於天堂、煉獄或地獄裡。

地獄聽起來很可怕，但仔細想想，有地獄總比沒有地獄好吧？那不過就是本來搭的是自強號，在竹南換車時，換到了等級最低的列車，車很慢、很擠，每一站都停，而且列車很髒，車上的人還會隨地吐痰，廁所的臭味瀰漫了整個車廂。雖然不舒服，但本質上你仍然只是轉了一班車。

但要是沒有了上帝，連帶著沒有了天堂、煉獄、地獄這些死後可以去的地方，那死亡會變成什麼？死亡沒有了著落，死亡變成了自身，死亡不再只是一個轉折點，死亡變成一個過不去的事，死亡就是一個終點，No more，到此爲止。西方文化，大部分的人類文化，都很不擅長思考No more，到此爲止。

---

1 但丁（Dante Alighieri, 1265-1321），中世紀義大利語詩人，文藝復興時代的重要作家，其不朽史詩《神曲》，分成〈地獄〉、〈煉獄〉、〈天堂〉三部分。

一位天文學家去演講，談宇宙的奧祕，從宇宙的大爆炸開端講起，講到了宇宙必然的收縮，又講到了宇宙的終結。會場上有一個聽著聽著已經閉上眼睛打起盹來的聽眾，突然張大眼睛，站起來發問：「你剛剛說宇宙在多少年後會滅絕，用的單位是million還是billion？」講者回答：「是billion。」發問的人安心地點點頭，坐下來，沒多久又開始打盹了。以人類生命為權衡，幾百萬年和幾十億年，有差別嗎？然而就因為宇宙的終結，所有一切的終結，讓我們極度不安，讓我們無從思考，即使是幾百萬年都感覺太迫近，要到以十億年作單位，我們才會稍微安心些，可以當作夠遙遠，遙遠到不需要去思考。關鍵在於不願意去思考，我們嚴重缺乏心理上的工具與準備，去思考滅絕的終點。

一般人接觸物理學，得知了今天的物理學已經進步到可以頗有把握地推算出宇宙起源和宇宙滅絕的時間，一百個裡面有九十九個會忍不住問：「那在宇宙開始之前呢？在宇宙消失之後呢？」沒辦法，我們就是沒有辦法去思考絕對的範圍，沒有之前、沒有之後的時間。或許你會好奇：一百個人裡有九十九個會問，那唯一剩下沒問的那一個人是誰？那個人就是物理學家，他必須要有特別的腦袋，可以將時間看作是空間的係數，而非獨立、永遠存在的東西。

賴以生存的生命哲學

如果沒有了「死亡之後」，那該如何思考、理解死亡？對許多早已依賴上帝信仰來提供「之後」的人，這是個巨大考驗。當然會有哲學家主張，人就應該勇敢地從原本上帝信仰提供的虛假安慰中斷奶，直接如實地接受：No more is no more, period.就是這樣。死亡之後就是nothing, nothingness, void。十九世紀的哲學動向，包括存在哲學的升起，包括虛無思想的形成，也包括後來「現代主義」的內向性發展，都環繞著死亡的新意義而來。

人被迫去思考死亡，不能不在死亡的必然，死亡的絕對性，以及死亡沒有「之後」，死亡帶來的nothing more上，去重新建立哲學，而且是人賴以活著的生命哲學。如果我們的意識、我們的生命、我們曾擁有的一切，不像《神曲》裡給我們的保證那樣會以不同形式永久存留，而是幾十年後——也不是幾十億年後——就會到達絕對的毀滅終點的話，那怎麼辦？許多人在這個新降臨的困擾陰影中，進行各式各樣思考，試圖提出各式各樣的答案，又由新的答案衍生出更多的問題來。

這片陰影的前提，是上帝不在。上帝不在，同時就沒有了另一個世界，死後未來的救贖。若要有救贖，就只能發生在此生，我們的罪，我們的悔改，我們的救贖，都必須趕在這短短的一輩子中發生，不然就沒有，就來不及了。在這樣的背景下，出現了其中一種方法，重新定義、重新描述「死後之生」（after-life）。死後人還能活著，不是活在天堂、煉獄或地獄，而是活在別人，其他還活著的人的記憶裡。這是死亡之後，生命繼續延伸的一種方式，甚至是唯一的方式。

這對西方文明，是個巨大的考驗、巨大的轉折。首先承認如果有救贖，只能在此生完成；其次承認要有「after-life」，就只能以記憶，在別人的記憶與紀錄中存留。

十九世紀的西方站在這樣的思想轉捩點上，兩件事占據了他們的關懷焦點。第一，在人僅能擁有的現世（this-life）中，你如何把握有限的時間，充分運用？人該做些什麼，才算好好過了這僅有的一生，給了自己「意義的安慰」？

歌德的詩劇《浮士德》，是十九世紀歐洲最受歡迎、流傳最廣的文學作品。歌德花了三十年的時間，寫了上下兩冊的《浮士德》。[2]然而十九世紀歐洲的讀者，幾乎都不讀《浮士德》的下冊。從《浮士德》衍生出各式各樣的文學藝術作品，在各式各樣文獻中《浮士德》被大量引用，幾乎都只取材自《浮士德》的上冊。

爲什麼會這樣？照理說下冊才有結局啊！而且下冊裡既有瑰麗的幻想，讓浮士德穿越時空，到古希臘去和「史上第一美女」談戀愛，又有崇高的救贖，讓聖母瑪利亞現身，在天使圍繞的豪華場景中，把浮士德的靈魂從地獄裡接引上天堂，這樣的內容，爲什麼無法感動當時的讀者呢？

因爲第一冊更有趣，更貼近十九世紀歐洲的思想氣氛。第一冊描述的是浮士德在魔鬼梅菲斯特的引導下，在此世現實中有了各種極端的經驗。最重要的，占據最多篇幅的，當然就是他和葛萊卿之間的愛情故事。此世的追求，追求帶來的強烈、極端感受，遠比飄渺的終極救贖，更對十九世紀讀者的胃口。

他們關心的第二件事情，則是死後別人會如何記得你。這第二件關懷，會回頭影響第一件關懷。你在此世所經歷的，是好是壞，是輕是重，有了一個新的判準，那就是哪些事在你死後會被記得，用什麼方式記得。還有，兩項關懷的連結點往往就在：此世經驗中最重要的、最戲劇性的情境，在你死亡的那一刻，面對完全滅絕時，你如何死，又爲何而死？如果你自主地選擇死亡，爲了某種目標獻上生命，這件事就最有

2 歌德（Johann Wolfgang von Goethe, 1749-1832），日耳曼作家、詩人，著有《浮士德》等書。《浮士德》第一部發表於一八〇八年，第二部發表於一八三二年。

可能決定了別人對你的記憶，成爲你生命中大寫的「意義」。

十九世紀最著名、最流行的小說，如狄更斯的《雙城記》或雨果的《悲慘世界》，戲劇性高潮都發生在「獻身」上。代替別人走上斷頭台，或在巷戰中抱著必死決心救人，這樣的情節抓住了讀者的心，讓他們讀後永難忘懷。小說反映現實，倒過來，小說也影響、塑造了現實中的浪漫死亡想像。

關心此世而非來世的意義，關心死後如何繼續活在別人的記憶中，連帶地也就產生了對於一個社會應該如何記得逝者的思考與討論。這也是件同等重要的事。魯迅的小說多多少少受到了歐洲十九世紀這種氣氛的感染。小說〈藥〉裡，被砍頭的「夏瑜」，從名字上看就知道是影射「秋瑾」的，一個爲了理想而死，爲了社會獻身的人，然而在中國，人民用什麼方式記憶他呢？這些人，完全不在意秋瑾的獻身意義，而是抓住了「人血饅頭」可以治病的迷信，互相慶幸竟然得到了有人被砍頭的機會！

完成死亡的意義

因應死亡的終極性，十九世紀的歐洲觀念，產生了範圍極廣的連鎖變化。人活著，卻必須認眞尋索有什麼値得讓我們去死的理由。「烈士」（martyr）早已存在，不過十九世紀之前，Martyr是明確地爲了護教而死的，也有明確的宗教教義，保障他們死後應該得到怎樣的對待；還有明確的宗教程序，可以讓他們在此世「封聖」。十九世紀獻身做烈士，沒有了這些明確的「之後」保障。選擇獻身去死，不再是爲了換來「之後」的意義，必須在選擇去死這件事上完足其意義。獻身去死，不是爲了換來想像中「之後」的什麼待遇，而是爲了讓此世一生得到最充分的表現，最充分的滿足。

人不能夠隨便死，要找出特殊的追求，才能去死。十九世紀的歐洲思想中，常見到的形容是「the death which is larger than myself」，比我自己個人生命更大的死亡，意思是，找到一種可以投身的理由，擴大原來的自我生命，使得原本極其有限的生命走到終點時，得以巨幅擴張。

海明威不喜歡自己寫的《渡河入林》，自我嘲弄說上校之死那一段「so operatic」。之所以會聯想到歌劇，也是因爲十九世紀的偉大歌劇、精采歌劇，幾乎毫無例外都有關鍵的death scene，死亡場景。前面提過《茶花女》的例子，結尾那漫長的死亡，得了重病的女主角唱了又唱，唱出了全劇最激情的詠嘆調。

十九世紀的歌劇觀衆，不會挑剔：「病得那麼重，怎麼還能唱得這樣元氣淋漓？」

因爲他們很清楚、也高度認同這劇情的用意。茶花女是爲愛情而死的，或者該說在生命最後終結來臨前，她要把握僅剩的時光，給自己的生命一個「larger than myself」的意義，轉化爲「爲愛而生、爲愛而死」的意義。不管之前她是什麼，至少她死的那刻，變成了愛情的化身。她要大唱特唱，給這份意義戲劇性的表達，讓活著的人、活下去的人記得。

這是一種新的、轉折後的不朽（eternity），肉身的「茶花女」消逝了，但她所推崇所獻身的浪漫愛情會永久存留下去。

從十九世紀進入二十世紀，上帝信仰更微弱了，接受死亡就是終點的人又更多了。死亡進而變成了生命的前提。先後秩序倒過來了，原本生命走啊走，走到最後是死亡。現在卻是生命該怎麼過，要怎麼過，先得存著「人必有一死」的念頭。死亡是一個不動的，絕對超越不過去的終點，所以我們每一秒的生命，都意味著比之前更接近死亡一秒鐘。這是生命的絕對衡量，始終在那裡，躲不掉逃不開，生命變成了以和死亡之間的距離爲其終極衡量。

死亡成了前提，人隨時在接近死亡，但一般時候，死亡本身作爲一件緩慢遙遠事實，是無法思考與感受的。只有當死亡化身爲可說明、可觸摸的威脅時，我們才進入思考死亡、感受死亡的狀態中，也才能夠藉著思考死亡、感受死亡來思考、定義生命。也就是一般日常地活著時，活得很順利很眞實，我們反而無法確保這樣的生命有什麼意義。是在這樣的弔詭條件下，有了人冒險、挑戰各種生死邊界的衝動。主動地讓生命懸在風吹擺盪的半空中，讓死亡靠近，確實感知死亡的威脅陰影，人才能思考生命，才能碰觸到生之意義。

突如其來的死亡威脅

在新的環境下，做爲一個人，生命的選擇變大了，自由變多了。以前有上帝與「after-life」的保障，但保障同時也就意味著限制。活著和死去是連續的，人總是受到死後世界，天堂、煉獄、地獄的想像、算計牽制著，一直到斷氣的那刻，都還在替自己「之後」的去處努力著，堅持必須等到有合格的神職人員來行「敷膏禮」才能放心死去。

十九世紀之後，尤其是進入了二十世紀，不再是如此了。當死亡還是個無從具體碰觸的遙遠事實時，人過著一般、規律、重複的日常生活，然而總會在一個特殊的時刻——現代人的神啓時光（epiphony）——死亡突然用難以忽略的威脅形式現身，那一刻人也就突然取得了不要繼續過一般、規律、重複日常生活的自由。

那是強烈的刺激，也是重要的契機，在死亡的陰影與威脅下，刺激出平常不會有的最強烈感情，逼著人不得不去思考：這個世界有什麼是我最珍惜、最捨不得的呢？在你眼前，生命的紛紜現象嘩地排開來，排出一條輕重緩急的次序出來。平常你可能連雞排或漢堡哪個比較好吃都猶豫半天下不了判斷，然而面臨死亡的那瞬間，更複雜千百倍的一世人際關係，突然就自行排出你要拒絕都拒絕不了的清楚先後來。

十九世紀的人，剛開始的時候很難接受死了就是死了，沒有「以後」的概念，幾經思想與感情上的掙扎，進入二十世紀，這種不甘不願的情緒有了轉折，既然無法否認死亡的終極性，那就去從苦惱中找出樂趣吧！樂趣，或至少是過去沒有的一種發現，是面對死亡會刺激出我們之前不會有的勇氣，以及我們原本無能擁有的感情。那份勇氣和那份感情很奇怪，雖然是在死亡面前逼出來的，卻帶有普遍的正面力量，令人無法不爲之動容。

十多年前，《鐵達尼號》（*Titanic*）第一次上映，我去看了傑克和蘿絲的宿命愛情故事。看完電影，不想等電梯，很多人都走長長曲折的樓梯下樓。走在我後面，有一男一女在討論觀影心得，人潮擁擠，他們始終離我只有一階的距離，我根本沒辦法不聽到他們的談話內容。他們在談什麼？他們一路在說：如果傑克當時沒有淹死，被救起來了，他和蘿絲恐怕也不見得會結婚，即使他們眞的結婚了，婚姻八成也不會幸福！

這眞是件叫人洩氣的事。那麼大的場面，不就爲了鋪陳兩人的死別嗎？爲什麼才剛離開戲院，就忙不迭要破壞電影中營造出來的一種「非日常」的、比一般日常要高貴些的情感氣氛，急著把日常的庸俗考量帶回來呢？這種「非日常」的性質，正就是在死亡的情境下，一個人、一群人在災難中，高貴地運用僅剩的幾十分鐘生命開放出的自由，做了選擇所創造出來的。這就是死亡給我們的特殊自由，以及這種自由帶來的特殊感動。

但顯然我們的社會裡，很多人不了解這份「非日常」的高貴。我們沒有經歷西方十九世紀一路走過來的變化，不習慣去領略、欣賞死亡所召喚出的，比死亡更重要的價值。

這麼震撼的畫面去鋪陳出的死亡，以及被死亡墊高了的愛情，竟然沒有辦法讓人至少在那樣的情緒中停留到走完電影院的樓梯，正說明了我們這個社會的某種缺憾。

也是使得我們不容易眞正進入海明威小說世界的一項阻礙。看了《鐵達尼號》之後，卻無法體會其中要讓愛情必定比生死更重要的主題，這樣的人恐怕也很難讀進、讀到海明威吧。

在我們的時代，在我們的社會，人選擇和死亡疏遠、逃避和死亡直面相見。慢慢地，我們生活裡沒有死亡，只有生命的消耗卻沒有生命的終結。因爲死亡幾乎都是在醫院裡，在一個專業的，和生活拉開長距離的場所發生的。而且現在的死亡，和生命的離去，常常不是同一回事了。

重病者進了加護病房，身上插了各種管子，然後他的意識模糊、消失了，他已經知覺不到周遭環境了，但他還活著。經過了一段時間，家屬親人都逐漸習慣了他已經離去的事實，才讓他的肉體離開。這成了我們的正常、普遍經驗。死亡沒有了戲劇性，也沒有了親切感。

海明威的時代，他所看重、理解的死亡不是這樣。那是一種未經消耗的生命的乍然離去。那中間還有著強烈的戲劇性，還具備撕扯、斷裂的巨大力量。海明威經歷過戰爭，著迷於戰爭，或者該說：著迷於戲劇性死亡所衝撞出的澎湃激情。這是他早期作品的共同底蘊。

海明威是個沒有辦法好好活著的人。要是活得好好的，他的生命就失去了焦點，一切都是平板平鋪的；必須在死亡的威脅下，平板平鋪的才倏地站立起來，成爲立體的，有高有矮，有頂峰有深谷，才眞正知道生命中什麼是重要的，什麼是有趣的，什麼是有價值的。

你也可以從負面的角度去評估，認爲海明威是個可悲的人。他一直都活在一種欠缺的狀態中，無法「正常」地享受我們所享受的一般經驗。在正常、日常的情況下，他就無法衡量生命中各項元素的輕重得失。前面提過他寫給 Lilian Rose 的回信，人家講到他兒子，他馬上想到：啊，除了兒子，我也愛我的姊妹們，我也愛我所有的妻子們，還有什麼什麼的一大串。他太博愛了，他無法抉擇。日常生活中，他什麼都愛，然而一個人眞能愛那麼多？愛那麼多，每一個他愛的人、他愛的事物，能分到多少他的注意與關切？

所以他總是在追求進入「非常狀態」，那種可以讓他確切、甚至痛苦地感受到：「我到底是誰？我到底爲什麼而活？」的答案，創造「非常狀態」最有效的手段是死亡，不是死亡本身，而是死亡的威脅。

沒有說出來的在後面

《戰地春夢》表面上看起來寫了一個很容易理解、很通俗的愛情故事。從小說結構上看，我們大致可以將《戰地春夢》分成四個部分。第一部分講的是敘述者的戰場經驗，開著救護車走過山路，然後在戰場上被迫擊砲擊中，瀕臨死亡。接下來第二部分是被後送到醫院裡治療，在那裡遇見了美麗護士，開始談戀愛，在戀愛過程中忘掉了其他一切。

再來是第三部分，敘述者又回到戰場，但這次的戰場主題和上一次大不相同了。上一次他還懷抱著自己不會死的奇特天真信念，還來不及害怕，來不及受到死亡的威脅，死亡還沒有成為威脅，就直接以事實形式降臨他身上。這一次呢？這次的戰場行動，是撤退，是逃亡，逃避死亡的追逐。

撤退的人潮中，他們把救護車開進了田裡，動不了了，只好倉皇下車進到農家裡。然後他們殺了一個義大利人，整個戰爭中，他沒有殺德國人、沒有殺奧地利人，唯一殺的，是個義大利人。進入穀倉，一個傢伙逃走了，再來一個同伴死了，又一個同伴死了，他持續跑啊跑，最後跳上一列載貨的火車。他一路努力逃離死亡，而死亡一直陰魂不散繞在他身邊。

第四部分，他撿回了性命，找回了凱薩琳，再續前緣，小說走向最後的結局。回頭看，我們會發現這兩個人，亨利和凱薩琳的愛情，本來就建立在死亡的前提上。有一條不該被忽略的線索：亨利第一次見到凱薩琳，當時凱薩琳手上正拿著她未婚夫的遺物。她剛剛失去了未婚夫。雖然小說後來沒有再提起這件事，但這卻是理解兩人愛情不可或缺的背景。爲什麼在醫院裡，亨利和凱薩琳的感情進展這麼快？因爲這是活在死亡威脅陰影下，各自都剛剛接受了死亡震撼的兩個人之間的愛情，不是發生在正常、一般男女間的愛情。

藏在通俗表面底下，不眞的是那樣普通的愛情故事，而是兩個人同時面對死亡的故事，兩人都不知道死亡何時會再度襲擊，具體、沉重到讓人不得不故意輕描淡寫裝作不在意、裝作不知道的死亡陰影，使得他們兩人間產生了一種激昂的感情，那是活得好好的，不知死亡在哪裡的人，永遠無法到達的一種層次，永遠沒辦法擁有的一種激情。那是眞正「沒有明天」的激情，那是隨時下一瞬間就會結束的激情。

八〇年代美國女性主義文學批評最爲盛行的時候，海明威是女性主義者最愛挑的批評對象。把他的任何一部作品拿出來，輕輕鬆鬆就能找到許多「男性沙文主義」的例證，一下子就能寫出一篇洋洋灑灑、內容豐富的論文。如此既打倒了舊有經典權威，又有效發揚了女性主義的觀念。

大部分的人都讀過海明威的小說，這些作品最適合拿來做錯誤示範。像是《老人與海》，當年首度發表時，是刊載在發行量超過百萬份的《生活》週刊（*Life Magazine*），一下子成了流行現象。而這部小說，多麼誇張，裡面連個女性角色都沒有！不，比沒有女性角色更糟，有一個女性角色，是「老人」桑地牙哥的太太，她已經死了，而且照片還被桑地牙哥藏了起來。另一個女性角色，出現在小說最後結尾處，一個觀光客，坐在「露臺酒吧」，對著沙灘上那具馬林魚空骨架，問了一個很愚蠢的問題。

《戰地春夢》裡有些段落，也簡直就像是爲了讓女性主義者鞭打而寫的。海明威讓凱薩琳在小說裡對亨利說：「你要什麼就是什麼，我都答應你，我都同意你，我沒有意見。」這是屈服的女人，是沙文主義男人眼中看出去，最有魅力的「對的」女人。海明威就描繪了這樣的刻板印象女人。女性主義者理所當然這樣指責海明威。

不能說這樣的讀法不對、不可以。只是這樣的讀法顯然忽略了死亡這件事的隱性存在，顯然輕易放過了凱薩琳的未婚夫剛去世的事實。小說中，凱薩琳明明是拿著逝者遺物出場的，海明威明明就要讓我們知道，發生了這樣的事，新近而切身的這樁死亡，使得凱薩琳不會再是一般人，不會再是原本的那個人。

抱歉，我忍不住這樣幫海明威講話：把遺物及遺物象徵的死亡擺放回來，你就會了解，對凱瑟琳來說，從戰場上被炸得滿腿是彈痕後送過來的亨利，是另一個隨時可能死掉的人，是一個沒有道理可以假設他會活得長長久久的人。一旦他離開了這個醫院，就沒有任何因素，包括上帝與命運，能夠保證他還會活下去；相對地，日益升高的戰爭、愈來愈荒謬的戰法，有千百種方法能夠奪走他的性命。

在這種清況下，人必然會有不同的判斷，在意什麼、計較什麼，乃至於矜持什麼。今天在意、計較、矜持的這件事，翻身明天這人不在了，就立刻成了永遠擺脫不掉的後悔。小說是從亨利的角度寫的，亨利沒有問，所以小說也就沒有寫凱薩琳和原來那個未婚夫之間的事。然而，做爲一個讀者，我們應該有足夠的智慧，應該有足夠的生命視野，可以在心中還原這件事，將之作爲背景襯墊來解讀凱薩琳對亨利的感情。

每次讀到這段，我的感受是心痛，而不會是暗罵：「該死的海明威，你就希望女人都投懷送抱、百依百順！」心痛來自於知覺到有untold story（沒有說出來的故事）在後面，也就是除了露出海面的部分之外，有沉在海平面以下的冰山其他部分。

帶著心痛閱讀，我們就會發現，凱薩琳並不是默默地順從接受，她總是說出來，說：「好好，我聽你的，這樣很好。」她會刻意強調她的同意，彷彿每一次要拒絕前她就想起那個小說中沉著的untold story，想起了她突然死去了的未婚夫，後悔地意識到：如果知道他會這麼快離開，再也不能回來，當時幹嘛要這樣呢？幹嘛跟他鬧彆扭、幹嘛跟他吵架、幹嘛爲了小事計較呢？

我們自己在閱讀中補上了這段untold story，凱薩琳就絕對不是個傻女人，乖乖任男人擺布，當然不是，她的反應來自於還沒有時間可以結痂痊癒的傷痛，她和亨利間的愛情，是傷痛的治療，也是傷痛的延續，甚至也是傷痛的後遺症。

亨利也有源自和死亡打交道留下來的挫折與傷痛。砲彈打中了他，不只炸碎了他一條腿，更重要的，粉碎了他原本的天眞信念，相信自己會一直活下去。他發現自己是會死的，他發現自己沒有辦法不害怕死亡。以亨利爲敘述者的小說中，他沒有直接表達他的害怕，他不能對自己承認他的害怕，但有太多線索讓我們觸摸到他的害怕與挫折。

小說裡有好多喝酒的描述。有一個場景是亨利在野地醫院時，雷納迪（Rinaldi）來找他，兩個人一邊喝酒一邊說話，說到後來幾乎吵起來，那些話，說老實的，沒有什麼了不起的意義，只不過提到了英國護士，雷納迪就突然爆炸了，甚至還用手套拍打亨利的床。我們不能從表面上看他們說話的內容，這些配著酒的話，是壓抑的發洩替代，替代了他們都說不出口的眞實情緒，因爲眞實的挫折、害怕不能說，所以他們才會那麼edgy（容易激動）。

還有一個場景，是在米蘭時，護士長在亨利的櫃子裡搜出了一堆空酒瓶，大發脾氣將他臭罵了一頓。這個護士長是什麼人？她代表了和亨利和凱薩琳，甚至和凱薩琳的好朋友佛固森（Ferguson）都不一樣的人。她是個沒有眞正被死亡威脅過的人，一個不懂得什麼是死亡陰影的人。凱薩琳、佛固森，她們都知道亨利喝酒，他們從來不會用那樣的態度對待他喝酒這件事。不單純只是因爲她們縱容他，而是她們同情地明瞭，喝酒不只是逃避，那是亨利用來和死亡、和死亡陰影對抗的武器，他需要那樣的武器，才不至於在死亡與死亡陰影之前被擊倒。

再也無法大驚小怪

海明威寫的，不是日常感情，是非常情境下的非常反應。他選擇以壓抑的手法，來表達非常情境必然帶來的壓抑，壓抑對壓抑。他不要呼天搶地，他不能呼天搶地，呼天搶地反而靠近不了那樣的非常反應。因而《戰地春夢》這部小說的內容和形式間構成了多重的轉折。小說將讀者帶入一個備受死亡威脅，死亡陰影無所不在的戰爭狀態中，卻又翻轉過來，以盡量日常、低調、近乎冷漠的壓抑方式，來趨近、來凸顯其中的非常經驗與非常情感。

亨利原本是自願，而非被迫去到戰場的，那時他抱持著對於戰爭的天眞看法。受傷後——眞正了解了戰爭猙獰的一面——認識了凱薩琳，傷勢好轉之後，他又再次回到了戰場。那時他已經知道了凱薩琳懷孕的事，但他還是沒有拒絕回到戰場。有一部分的原因，正在於他需要戰爭的非常情境刺激，來維持這段愛情的非常性。他當時還沒有把握，若是失去了這個非常環境，他和凱薩琳之間的感情，會不會一下子退化成爲平庸、平凡、無聊、無趣的一般情人，或更糟的，一般夫妻？

想想，像亨利這樣的人，雖然還那麼年輕，就已經活過這麼多非常經驗，還有任何事可以讓他大驚小怪嗎？要什麼樣的愛情，才能保有他的興趣與熱情呢？經過了鐵達尼號沉船事件，用那樣的戲劇性方式失去了所愛的人，蘿絲還會爲什麼事、什麼東西呼天搶地嗎？甚至就連那棵巨大的鑽石「海洋之心」，她也可以面帶微笑，決然地讓它輕輕從手中滑入海洋裡，不是嗎？

村上春樹的小說裡，也有這種不會大驚小怪，甚至是無法大驚小怪的主角。因爲村上春樹最喜歡的作家，他花過力氣去翻譯的美國作家，瑞蒙・卡佛（Raymond Carver）、約翰・威佛（John Cheever）、瑞蒙・錢德勒，都是明顯受到海明威影響的。村上早期的代表作《挪威的森林》裡的敘述者「渡邊君」，也是從來不大驚小怪的。他遇到了兩個女孩，「直子」和「綠」，都是很不正常的人。發生在她們身上的事情不正常，她們說話（或沉默）的方式和說話的內容，也都不正常。但渡邊對她們的言行與過往故事，從來不表示驚訝。村上所用的這種寫法，就是源自海明威。渡邊的冷淡、冷漠也是來自始終沒有獲得答案、無法解結的死亡事件，一片撥不開也吹不遠的死亡陰影。

渡邊年少時最要好的朋友Kizuki，也是直子的情人，有一天在沒有任何徵兆的情況下，突然自殺了。這件事使得渡邊和直子兩人的世界都一下子瓦解了，瓦解了他們認爲世界會繼續以原貌存在，人會一直照原樣活著的基本信念。Kizuki自殺的那一天，還和渡邊去打撞球，很認眞地打，很認眞地要打贏，卻在打完撞球之後，回家就死了。這成了渡邊最深的創傷。Kizuki看起來如此正常，卻做了最不正常的事。從此渡邊再也無法分辨什麼是正常、什麼不是，他也完全沒有把握，什麼樣的東西才是不會突然在下一刻就消失的。

後來直子進了療養院，渡邊第一次去療養院看望直子時，身上帶了湯瑪斯．曼的《魔山》，那當然是村上春樹特別設計的。《魔山》的故事背景，設定在瑞士山上的一座療養院裡，那是肺癆的療養院，也是一個充滿了死亡陰影的地方，很多人進來之後，就再也沒有活著走出去。在那樣一個與死亡密切共處的封閉空間裡思考生命的意義。

在療養院裡，渡邊遇到了玲子，另一個曾經突然掉進生命黑洞中的人。她一度遇見了一個單純的男人，單純到想和她「共同擁有心中一切」的男人，使得她能夠拾回正常的生活；不幸的是，一次被救回來，無法保證不會第二次再掉進黑洞裡。

見識、遭遇生命的無常，乃至於被生命的無常作弄之後，人當然變得不一樣，變得麻木、冷淡、退縮，爲了掩飾背後的敏感。綠和渡邊見面時，常常忍不住覆誦渡邊說的話，疑惑：「好奇怪，你爲什麼會這樣講話？」海明威就是最早創造出這種說話方式的人，用簡單、刪減、無所謂來表達深不見底的恐懼與哀傷。

當人曾經和死亡的無明擦身而過，當人曾經自我選擇走入死亡的幽谷，去逼激出生命中最強烈、最強悍的情感，之後就會變成那樣的人。還是用村上春樹小說中——

另一部小說《世界末日與冷酷異境》——的比喻，這樣的人看到的世界，所有的影子都淡了一半。所有的東西看來都像是褪了色，因爲你忘不掉死亡陰影底下最強烈的感情。

這是海明威透過《戰地春夢》試圖要寫的。如果不能碰觸、不能理解這一部分的意義，那我們就不需要讀海明威的小說，去找一部小說改編的老電影隨便看看就可以了。電影只拍了、也只能拍出一個通俗的愛情故事，如此而已。

海明威寫的，是二十世紀重新定義生命目的與手段的困難。戰爭原本是生命的手段，只能是生命中達成其他目的的手段，卻在海明威筆下被提高了一個層級——戰爭幫我們定位此世的意義，又替我們塡充死亡「之後」可供記憶的內容。

5 《老人與海》與海明威

初訪美國的社會學家

一九四四年時，一位傑出的中國社會學家費孝通[1]去了美國，在美國待了將近一年的時間。回到中國之後，他寫了一本小書，叫做《初訪美國》。儘管這本書在費孝通的作品中不算特別重要、特別著名，然而對我們討論海明威及其時代卻很有意義。

費孝通在中國長大，研究中國社會，很自然地以自己熟悉的中國社會作爲比較背景，去觀察、體驗那個時代的美國。其次，費孝通是受過英國教育學術訓練出來的老派社會學家，屬於當社會學還沒變得那麼無聊之前，還有豐沛創造活力的那一代社會學家。從孔德（Auguste Comte）到涂爾幹（Émile Durkheim）到韋伯（Max Weber），社會學家還帶有對社會觀察的高度自由與好奇，也還具備深厚的文化知識基礎來進行分析。那時候還沒有封閉固定的社會學範圍，社會學家還能問大問題、廣泛的問題。那時候也還沒有封閉固定的社會學方法，所以社會學家還能援引各式各樣的知識資源，形成自己的分析風格。他們還夢想著要去找出社會的普遍律則，也還很敢、很願意對不同社會進行比較。

費孝通這樣一個具有廣泛視野的優秀社會學家，帶著對於中國生活、中國社會的第一手認知與感受，去到美國社會，迫不及待地介入觀察美國社會，觀察到許多有趣的現象，而且大剌剌地表達了今天的實證、量化社會學家絕對不敢說的一些分析與結論。

例如他如此比較：

若說一句籠統的話，西洋人見了別人的高興也會高興，而我們呢，別人的高興常會使我們自己不高興。你只要看，人死了我們可以放聲痛哭，不哭會受人背地裡說；可是久別重逢的夫婦，在人前卻不能做出一點高興的樣子出來，不然，人家會批評你肉麻，不莊重，輕薄。在西洋，卻剛剛相反。你高興時，儘管盡情流露，在車站上，可以和情人擁抱，接吻；熟人會鼓勵你。可是，在你悲痛的時候，你卻得忍得住眼淚。在人前號啕大哭是沒有修養的表示。

---

1 費孝通（1910-2005），燕京大學、清華大學畢業，後取得英國倫敦大學博士，中國社會學家、人類學家。著有《江村經濟》、《鄉土中國》、《中國紳士》等。

這是他觀察到的中國與西洋差別，有趣的是他接下來的分析：

若要解釋這一點東西文化的分別，我又不能不歸源於農業社會跟工業社會的基本區別了。農業社會中，尤其像我們這種老大的農業國中，機會稀少，大家在極低的生活程度上過日子，向有限的資源競爭，別人的得到常是自己的損失，忌妒是我們基本的精神。幸災樂禍，不願成人之美是我們的傳統。我們可以憐惜別人的苦難，其實這並不是同情而是一種自覺安全的慰藉。只有在別人的成功會增加自己機會的社會中，人才能爲別人的高興而高興。

費孝通是用這種方式來解釋，爲什麼在美國、在西洋，你可以自由地流露高興情緒，別人會替你高興，而不是覺得你囂張炫耀討人厭。他接著說：

在這種社會的歧視之下，我們逐漸變得「莊重」了，感情是我們內臟的活動，像我們的四肢的活動一般，若是從小就不給他操練，是會麻木不仁的。在床上病了一個月，走路都覺得不自在。莊重的結果，除了眼淚，中國人一說到感情似乎缺不了眼淚，我們的感情確是麻木得厲害，我們不易激動，相罵和詛咒代替了打架；我們不會歡呼，拍手時都不自然，冷譏和熱諷代替了雀躍。我們是這樣實際：利害，權衡，過慮，斤斤自得，使我們失去了感情暢洩時的滿足和爽快，因之，我們對於感情成了外行。我們不容易明白愛字，因爲愛的前題是無我忘己。利害得失是愛的反面。

費孝通又說：中國勉強只有母愛，沒有其他的愛。在傳統社會裡婚姻「是合兩家之好的外交結合；在農村裡，娶媳婦是僱一個不付工資的女工。夫婦相敬如賓，使他們之間永遠隔著一層親密的障礙。」然後他寫了一句我年輕時初讀這本書未曾留下印象的話：「若是在我們中有一些近於兩性感情結合的，卻在那些被社會所輕視的妓院裡，」——這不就是張愛玲解釋小說《海上花》，以及侯孝賢承襲拍電影《海上花》的基本立場嗎？原來費孝通比張愛玲更早就講了——「可是這種建築在買賣關係之上的感情，眞摯的流露總屬例外。何況愛和占有是互相排斥的，在男女不平等，沒有相等的人格，不互相尊重的關係中，現代西洋式的愛是無從發生的。」

有鬼與沒鬼的世界

費孝通去芝加哥大學做研究，準備寫他的社會學論著《鄉土中國》（*Earthbound China*），學校給了他一間研究室，助理帶著他去看研究室，事先跟他致歉，因為研究室門上還沒有掛上他的名牌。去到那裡，費孝通一看：門上掛著Robert Park的名牌。他講了一句讓那個助理摸不著頭腦的話，「請別將這個名牌換掉。」這是什麼意思？你不滿意不要這間研究室嗎？要用這間，那當然就要換成你的名牌啊！原來Robert Park是費孝通當年在燕京大學遇過的老師，因為燕京大學當時是以美國退還的庚子賠款建校的，所以校內有很多美國老師。Robert Park是費孝通在社會學上重要的啓蒙老師，他很樂意自己使用老師的研究室，感覺這中間有一種傳承的象徵。

書中，費孝通以這件事為引，做了發揮：中國人很重視傳統，這是許多人都觀察、分析過的文化特性。去到美國時，他理所當然認為，相較於中國人，美國人沒那麼重視歷史。然而，有美國人會反駁：看，每個美國小孩到紐約一定會去參觀自由女神像，從中回顧、記憶美國獨立革命和法國大革命之間的歷史關係。美國人也很重視古蹟，到處設立了各式各樣的「故居」或紀念館。美國的小孩對美國歷史的理解，難道就一定比中國小孩對中國歷史的理解來得少嗎？

依照美國人自己的認知，他們並未和歷史有什麼隔閡啊！費孝通檢討：

我所接觸的朋友似乎有意的要矯正我的錯覺，每每要我特別注意他們對於祖先的關切。這都是事實。可是我總覺得他們的認取傳統，多少是出於有意的，理智的，和做出來的。這和我們不同。我所以這樣感覺的理由，因為我發覺美國人是沒有鬼的。傳統成為具體，成為生活的一部分，成為神聖，成為可怕可愛的時候，它變成了鬼。我寫到這裡，我又衷心覺得中國文化骨子裡是相當美的。

中國文化骨子裡的美，來自於有鬼，「能在有鬼的世界中生活是幸福的。」他回顧自己小時候的經驗：

我在幼年時，因為家道中衰，已經不住在那種四五進廳堂的大宅裡面，可是所住的那一大落樓房，至少有一半是常常鎖著留給不常光顧的什麼伯伯叔叔們回家來住的；還有一小半是太陽光從來就沒有到過的黑房，日常起居所到的其實沒有幾間，至於柴間背後的大廚房，花園後落的小屋等，更是有如神話中的去處，想起了都會使孩子發抖。這種冷落暗淡的房屋中，人的世界比鬼的世界小得多。

那是一個鬼比人要來得多，鬼占用的空間比人大的一個世界。

從書房去臥室，要經過一間「紗窗間」，才能上樓。這間紗窗間，我一生也忘不了，即在正午也黑得辨不清牆角裡堆著的東西，也許是我從來沒有敢好好睜開過眼睛從這裡走過，可是無論如何，這是我每天不得不冒險的航程——這裡，我至今還不敢否認，是鬼世界的中心。

那樣的環境夠讓人心生恐懼了，更何況：

沒有一天沒有人不用鬼來恐嚇，或是娛樂我們這批孩子。在床上哭得不肯停，大人就一撒手：「讓套房裡的鬼伸手來捉你去。」發脾氣頑皮時，耳邊就有「關他到紗窗間裡讓鬼去捉他。」夏天在院子裡乘涼，拉著人要講故事，哪一個故事裡沒有半打鬼？我對於草木鳥獸之名識得不多，可是要我……背出一大串鬼名一點也不覺得困難。我絕不誇大，像我這種小市鎮裡長大的人，幼年時節，人和鬼是一樣的具體、眞實。

人事忘得了，鬼事卻磨滅不了。我至今還清清楚楚記得，我哥哥怎樣在樓上看見了我們丫頭關了房門，可是下樓來看見那個丫頭明明白白在樓下，從沒上過樓。——現在想起來還是親切得好像是我自己的經歷一般。正因爲從小一半在鬼世界裡長大，我對於鬼也特別有興趣。慢慢的從恐懼變成好奇，由好奇變成愛慕，甚至有一點爲生長在沒有鬼的世界裡的人可惜。

他在美國住了快一年，最覺得生疏的，是「沒有人跟我講鬼故事，我絕不願意恭維這個沒有鬼的世界。」他又說：

我對於鬼的態度逐漸改變是開始在祖母死的那年。祖母死後不久，有一天，我一個人坐在前庭，向祖母的臥房裡望去。這是近午的時刻。在平時，祖母總是在此刻下廚房看午飯預備得怎樣。她到廚房看了一次就快開飯，這是我那時熟悉的情境。祖母死後一切日常起居程序還沒有變。一几一椅一床一蓆都沒有改變位置。每天有近午的時刻，這時刻我也照例會感覺到飢餓。潛意識裡這整個情境中缺不了祖母日常有規律的動作，於是那天我似乎看見祖母的影子從臥房中出來到廚房中去。若說是我見了鬼，那是我生平的第一次。

然而其間沒有害怕，甚至沒有異樣：

因爲這情境是這樣合理和熟悉。過了一會兒，想起了祖母已死，才有一些悵惘，絕不是恐懼，而是逢到一種不該發生的缺憾竟然發生時所有的感傷。同時又好像領悟了一種美的情景既已有了，就不會無的消失。

他接著說：

目前的遺失好像只是在時間上錯隔了一些，這個錯隔，我又覺得，好像是可以消除似的。永恆不滅的啓示襲上心來，宇宙展開了另一種格局。在這個格局裡我們的生命並不只是在時間裡穿行，過一刻，丟一刻；過一站，失一站。

美國的孩子們已經聽不到鬼的故事了。他們花一毛錢到Drugstore裡去買Super Man看。……超人並不是鬼。超人代表現實的能力，或是未來的可能，而鬼卻象徵了對於過去累積的服膺和敬畏。

為什麼美國社會沒有鬼？

從「你是誰」到「你做了什麼」

眞是個有趣的時代，社會學家敢申言美國社會沒有鬼，而且還敢用非實證的語言，解釋美國為什麼沒有鬼。因為「鬼怎能在美國這種都市裡立足？人像潮水一般的流動，不要提人和人，就是人和地，也不會發生死不了的繫聯。」

鬼也需要特定的人的環境才有辦法存在，所以費孝通用對人的觀察來繼續他的推論。他舉例：到朋友家裡看到朋友的女兒，十八歲的女孩不斷抽菸，做爸爸的勸她別這樣抽菸，女兒沒理會。女兒對費孝通說的話是：「我已經十八歲了，爸爸媽媽不能管我抽菸，他們也已經不養我了。」又說了一個年老的教授，兒子跟他在同一個大學教書，但兩人分開住，而且兒子很少去看望他爸爸，費孝通到老教授的家裡，老教授的太太抖著手把咖啡端出來，讓他看了心酸。

還有，他去到哈佛，住在哈佛教職員招待所，常常遇到一位白髮老翁跟他同桌吃飯，這白髮老翁，應該是位名教授，可是他就長年住在招待所裡，每天下來到餐廳吃飯。有一天這位白髮老翁對服務生說：「不知道我明天還會不會下樓、還能不能下樓來吃飯呢。」這話也讓費孝通聽了大覺感傷。費孝通忍不住問那個服務生說：「那他家呢？他家在哪裡？」那個服務生答不上來，因為服務生無法理解費孝通對於「家」，人應該有一個「家」的觀念。

舉這些例子，費孝通的意思是：人還沒死，他和這個世界的聯繫已經先斷掉了，如此當然不會有鬼。鬼存在的邏輯剛好相反，那是即使你死了，你都不會跟這個社會、跟這個世界立刻中斷聯繫。費孝通看到的美國社會，最重要的特色，眞的就是「鬼的消滅」。這眞是個反諷，中國人見到洋人老叫「洋鬼子」、「洋鬼子」，然而費孝通到了美國，得到的結論卻是：唉，這些「鬼子」最大的問題就在他們沒有鬼，他們會是「鬼子」，弔詭地，因為他們沒有鬼，所以才變成和有鬼的中國人不一樣的另一種人。

用今天的標準看，費孝通眞是太大膽了。他的觀察很有趣，但不太經得起實證考驗，至少經不起論證完整性的考驗。美國很大，他看到的美國，只不過是美國的一部分。他沒有來得及讀福克納的小說，福克納筆下寫的，是到處有鬼，鬼和人擦踵共存的南方環境。費孝通沒有去到美國南方，沒有意識到美國南北的巨大差異。

費孝通的描述，不適用美國南方，卻很接近海明威的美國。雖然福克納和海明威兩人年紀相仿，相繼獲得諾貝爾文學獎，海明威和福克納絕對不一樣。眞正是南轅北轍、一南一北。南邊的那個活在家庭、家族記憶永遠陰魂不散的環境裡，北方這個則以個人原子的方式，孤獨存在著。

在福克納的南方，還留著來自於社會紐帶的身分。在南方，在福克納的小說裡，回答「你是誰?」的答案，要在你和別人之間的關係中去尋找。費孝通如果去到美國南方，這一點應該會讓他覺得舒服些，因爲比較像中國傳統社會的習慣。

在中國傳統社會裡，「你是誰?」的一大部分，是在你出生時就決定了。你是誰的兒子、你是誰的弟弟、你是誰的孫子、你是誰的兄弟的兒子……長大一點後：你是誰的丈夫、你是誰的太太、你是誰的爸爸媽媽……這是問題的標準答案。人與人之間的血緣關係形成一片網絡，在網絡中的位置決定了「你是誰？」

福克納的小說裡常見的衝突與矛盾來自於「我是誰？」自己沒辦法決定「我是誰？」，甚至所有的活人都決定不了「我是誰？」，擺脫不了死人記憶的不斷中介、干擾。福克納表現了如此迷惘、掙扎、騷動不安的靈魂狀態。

海明威的小說裡沒有這種問題。海明威代表的是從十八世紀法國大革命之後，歐洲的「現代」社會主流。西方社會的基本走向，就是「你是誰？」不再由出生身分來決定，而是由你出生之後的行爲與成就來決定。這樣的潮流，在新教傳統深厚，帶著救贖焦慮與神經質的美國北方，到達了高峰。

這就是Yankees，北佬。不再講究「你是誰？」，轉而只問「你做了什麼？」，是北佬的特色。北佬不依賴出生身分帶來的好處，也不願接受出生身分的框限，他們主張每個人憑藉著自己的力量，做一個self-made的人。

北佬建立起的美國社會，擺脫了「你是誰？」，不管你是誰，不管你的出身，不管你爸爸是誰，不管你祖父是誰，我和你之間的關係，我看待、評價你的方式，主要建立在「你做了什麼？」的基礎上。因爲你做了什麼，我就相應用什麼樣的方式，尊重或不屑你這個人。

這樣的價值深植在美國北方的社會與文化裡。富蘭克林（Benjamin Franklin）的《自傳》，是這種價值最清楚的代表。書中呈現了一個一生不休息的人，他沒有什麼了不起的出生背景，靠著每一天每一天的努力，創造出自己的成就、名聲與形象，一個典型的self-made man。北佬的孩子，沒有人成長過程沒讀過富蘭克林的《自傳》，他的奮鬥精神，是他們的理想典範。

人和天生帶來的身分脫節開來，讓每一個人都要爲自己負責，隨而打開了許多可能性。北方反對蓄奴，除了經濟理由之外，不可忽視的，更有這種基本價值信念產生的作用。一個人不應該因爲他生爲什麼樣的人，就被在社會上釘死了他的位子，人應該享有機會，可以去奮鬥，努力創造自己、證明自己，決定自己要變成什麼樣的人。這種信念給人龐大的自由，但相應地，也就給了人龐大的焦慮。「你做了什麼？」不會轉變爲固定的身分，從好處來看，它不會變成貼在你身上永恆的傷痕印記，讓你永遠抬不起頭來；但從壞處來看，它也不會變成貼在你身上長久有效的護身符，你必須一直不斷地證明自己，你一直不斷地做出可以正面彰顯自己的事，不能說我這次做到了做對了做好了，我就取得一個身分，將來只要依賴在這個身分上，安穩地活下去就好。

海明威是這種特殊北佬人生價值觀的產物。他以拳擊賽來想像人生，一連串的擂台勝負。即使是談到寫作，他的態度都是：我年輕時曾經證明過我是champion，現在有了新的挑戰者在那裡耀武揚威，但別太早把我排除在外，我會再度上到擂台，再度證明我是可以寫的，我是了不起的。那裡有一份自豪，伴隨著自豪而來的是焦慮，必須無止盡地奮鬥，無止盡地證明自己。即使是得了諾貝爾獎，都沒有辦法就此決定你是個了不起的文學家，可以依賴這個身分安養天年。不是人家要不要接受你這個崇高身分，要不要尊重你的問題；是個人內在深處，有著那無法停息的不安，刺激、督促著你再去努力、再去奮鬥。

在美國的老人

這樣的人生圖像，充滿焦慮，尤其最難應付的，是面對老化。費孝通寫《初訪美國》時，大約四十歲。四十歲的人在中國，最大的願望就是趕快變成大老，受後輩尊敬、伺候。然而在美國，費孝通發現不能隨便說人家老。對這樣的差異，他也提供了社會學上的解釋。

在中國社會，人們高度依賴父兄，父兄是土地的所有者，而土地是一切的根源。你只能等待著從父兄手裡將土地接手過來，換句話說，等待著有一天自己變成了父兄，才能享有附隨著土地而來的種種地位與好處。年紀愈大，就愈有機會成為土地的掌管者。但在像美國這樣的社會，人的地位與好處，不是來自繼承的身分，而是靠著在世間的所作所為，那麼顯然年紀愈大，就愈難證明你還能有些什麼作為。

美國人的地位、成就，沒有固定的累積方式。不能累積，那麼老了就意味著努力和奮鬥的空間愈變愈小了。在那樣的社會裡面，老人不是尊稱，老人甚至沒有一個明確的形象，和中國的老人剛好相反，在美國，老人是在意識上要逃避的一種稱呼，恨不得最好可以永遠不老。

換個方式說，老人在美國社會，是模糊、曖昧、逃避被定義的一種性質。我們必須在這個背景下，去理解海明威的《老人與海》。這本書，堂而皇之、開宗明義就叫做「The Old Man and the Sea」。而且小說從頭到尾，除了少數幾次小男孩叫他「桑地牙哥」之外，那個出海打漁的主角，就叫做「the old man」，老人、老頭。做為一個老人成了他最根本，也是最全面的特質。

這像是海明威給自己的一個挑戰，擺明了要寫「老人」，寫這個社會很不願意去正視、更不願意去定義的「老人」。他寫「老人」，從小說一開頭就明白掌握了「老人」在社會中的存在——他是孤獨的，近乎全然、絕對的孤獨。海明威寫出了一部最孤獨的小說。

前面我們說過，《老人與海》大概是歷史上暢銷小說中，唯一一部沒有出現女主角的。這樣的說法，其實都還沒傳達出這部小說的特色。《老人與海》書中，豈止沒有女人，根本連人都很少。除了杜思妥也夫斯基的《地下室手記》那樣的瘋狂獨白，我們大概再也找不到一部經典小說中，動用的角色比《老人與海》更精簡的了。

四萬多字的小說，基本上就只有「老人」。開頭時，還有一個小男孩；結尾時，這個小男孩又出現了一下，其他篇幅裡，都只有這個獨處的「老人」。小說中絕大部分的內容，是這個孤單老人的內心獨白，他沒有別的說話對象，只能對自己說話。

這樣一部小說凸顯了老化這件事情，在海明威的認知中，最核心的表徵就是孤獨。這呼應了現代主義的內向化潮流，用小說來深挖個人意識與感受的發展。不過和一般現代主義小說很不一樣的，海明威沒有把這樣一本孤獨的小說，寫得那麼艱澀、難讀。我們前面看過葛楚·史坦怎麼表達個人意識。你也可以去讀讀喬哀思或伍爾芙的其他現代主義經典作品，就知道我的意思。

海明威寫了一部孤獨的小說，但這孤獨的小說一點都不枯燥。小說描述了兩天兩夜的事情，絕大部分時間，都只有「老人」自己一個，沒有別人。這樣的條件，怎麼能寫得不枯燥、不艱澀？海明威的寫法，是將「老人」投擲進一個場域、一個情境中，場域是標題裡的另一半——「海」，情境則是海明威最熟悉，也最感興趣的——對決。

使得小說不枯燥，因爲「老人」桑地牙哥雖然孤獨在船上，卻隨時都處於對決的情況下。上了鉤，卻在海洋中堅持拉著桑地牙哥的小船前進的那尾大馬林魚，當然是他的主要對手，但不只如此，有時海洋也會成爲他對決的對象，還有，他自己，他老去了的身體，他那雙鮮血淋漓的手，都在不同時刻化身成爲考驗他、等待他去克服的力量。

生死搏鬥的意義

一和那尾大馬林魚接觸，桑地牙哥立刻就知道他遇上了一個遠比他強悍的對手。一個「老人」遇見比他強悍的對手，桑地牙哥有著兩種截然不同，甚至相反、衝突、矛盾的反應。一種是他看過、經歷過那麼多了，他知道這是怎麼回事，他曾經贏過，他自認知道要怎麼贏，他當然不服輸。但他已經不是年輕人了，不服輸的情緒，不足以幫他激發出更大的力量，他必須面對隨時可能失敗的事實。

雖然他看過、打過那麼多魚，桑地牙哥這次真的遇見了生平最強的對手。他自己一個人，駕著大約八呎長的小船（skiff），然而他的釣線上鉤著的，卻是一尾長達十八呎，比小船長上一倍的大馬林魚。開始時，他不知道這魚有多大，魚一吞了餌就在海裡往前游，沒有浮上來。桑地牙哥放了線，卻沒有辦法收回來，只能勉強拉住線，讓魚透過釣線把他連人帶船往前拉。

他僵持在那裡，堅忍地扛著線，不知道魚要把他拖到哪裡去，也不知道要怎樣應付這條魚。小說就是記錄這樣的非常情況。海明威沒有辦法寫daily life，無法從「日常性」上去寫小說。並不是說日常生活中沒有事件發生，總有人吵架、有人貪汙幾十億、還會有車子從山路上掉下去。關鍵在那種一般看待世界的「日常態度」，沒有進入特殊、繃緊的情緒脈絡裡，人看待戲劇性事件也只能有平庸的反應與感受。

《戰地春夢》中他示範了：同樣一份男女愛情，在面對死亡與戰爭威脅下，因爲隨時維持高水準的腎上腺素分泌，因爲人必須活在恐懼與對恐懼的壓抑下，就生發出了很不一樣的意義。《老人與海》也遵循了這個邏輯，要寫繃緊了的情緒，因爲繃緊到近乎斷裂而產生的世界圖像。不一樣的是，將桑地牙哥繃緊的，不是死亡，桑地牙哥從頭到尾沒有想到死亡，死亡對他不重要了，但面對一個可怕得可敬的敵人，一定不能輸的堅持，卻依然再重要不過。

他清楚自己是個老人了，所以更不能輸。或者該說，正因爲他自覺老了，所以和大馬林魚搏鬥，就多了一層既眞實又隱喻的意義——戰勝大魚，等於不向老化投降。他非贏不可，他不能被大魚，及大魚所代表的時光侵蝕給打敗。在那兩天兩夜中，桑地牙哥單純地爲了這個念頭、這件事活著。

和大魚的對抗，讓桑地牙哥在那八呎的小船上，超越了日常、超越了八十四天沒有打到魚的現實，進入另一個更重要的生命領域裡。有多重要呢？重要到他絕對不肯主動離開這個殘酷卻夢幻的領域，再怎麼疲憊痛苦，他沒有放棄，不會有要放棄的念頭。

他可以放棄自己的生命，不能放棄這份對決的關係。精疲力盡又缺乏睡眠的狀態下，他說出「我不在乎誰殺了誰」的話，這不是無意義的囈語，而是顯示了就連潛意識的底層，他都堅持要繼續下去，他和魚，完全鏈結在一起，沒有了他主觀放掉魚線魚鉤的可能性，反正就是如此緊緊鎖在對決關係中，直到終點。至於等在終點的，是他殺了魚，或魚殺了他，都不重要了。

從這裡又浮現出不同的勝負概念。他想要在對決中贏，不是嗎？若是被魚殺了，那豈不就輸了？不，這不是桑地牙哥式的輸贏，如果就是被魚殺了，他是輸得起的；他不能接受的是放棄退出，爲了保有自己的生命而選擇退出這場對決，那才是他——也是海明威——拒絕接受的失敗。

換個方式說：這場對決剛開始時，存在於自我與他者（self and the other）之間，但後來這組關係逐漸淡化，對決看來愈來愈像是和自己的意志之間的拉鋸。原來的輸贏在於以自我意志壓倒對方，屈服那大魚的意志，把大魚從海裡拉到船上來。然後，隨著時間逝去，這場對決愈來愈凶險，不再單純是能不能把魚釣上來的問題。船被大魚愈拉愈遠，桑地牙哥沒有食物、沒有水，很可能無法順利返航。也就是說，眞的，大魚是有可能、有機會叫桑地牙哥喪命的。

從這個時候，對決悄悄地改變了。桑地牙哥沒有害怕死去，他發現自己在意這場對決，在意這條魚，在意不從這個奇特的戰場上撤退，更甚於在意生死。他變成了在跟自己的意志對決，要證明自己是經得起如此考驗的，證明I deserve this fish（我配得上這尾了不起的大魚)。進入這個層次,大魚就不再只是他要壓倒的他者(the other)了,他和那魚、那原來的對手之間,有了特別的關係,甚至有了特殊的感情。

彼此定義的生命糾纏

《老人與海》小說開頭,桑地牙哥多麼孤單,獨自一人過活,就是費孝通形容的那種美國老人。(小說裡的桑地牙哥應該是古巴人,不過寫小說的海明威,是個不折不扣的美國人。)他身邊沒有任何親人,唯一接近他的,是一個跟他沒有血緣關係的小男孩,而且小男孩的父母顯然不希望小男孩和桑地牙哥走得太近。他出海去,在海上和那尾大魚搏鬥了三十幾個小時,終於大馬林魚開始繞圈圈,終於桑地牙哥可以開始收線,大馬林魚一點一點浮升上來了,那一刻,整個世界和桑地牙哥最親近的,就是這尾大馬林魚。

大馬林魚是他在世界上唯一的親人。所以桑地牙哥的下一段昏話,累到頭腦不清楚說出帶著深刻眞理的話,是他看著太陽,對自己說:「還好,我們不需要去殺太陽,不然這多麼困難啊!」——要是對決的對象是太陽或月亮,那的確很麻煩,不只是對手那麼強，那麼難克服，更重要的，你贏了這個世界就沒有了可貴的太陽或月亮，多麼悲哀、多麼可怕！

他接著說：「還好，我們只是活在海上去殺我們的兄弟而已，沒有被要求做更困難的事。」多傷懷的感慨啊！他和大馬林魚的對決，給了生命意義，安慰了原本空洞、孤獨的存在，但對決的結果，卻是另一種孤獨的來源。

他活在一組兩難裡。如果發了慈悲心，或出於害怕而改變心意，放棄了，「算了算了算了，我們不要繼續互相殘殺了，你就走吧！」那麼，他和這條魚之間失去了連結，那了不起的大馬林魚就只是大海裡的另外一條魚而已，桑地牙哥也還原為不過就是海上的另外一個漁夫，於是那了不起的大馬林魚不會再給他任何安慰。要維持他和大魚之間的命運相連關係，他就只能堅持拉著釣線，堅持把線收回來，留在對決裡，把魚殺了，或被魚害死。

這是多麼奇妙、多麼矛盾、充滿多少層疊矛盾的情感啊！讀過了《戰地春夢》，體會過早期海明威小說中的內在張力，我們甚至可以將《老人與海》視為戰爭情境的某種奇特延伸。

世界文學史上另一部與戰爭有關的名著，寫的也是第一次世界大戰，那是雷馬克的《西線無戰事》[2]。《西線無戰事》小說裡讓讀者印象深刻的一段，是在壕溝戰中，主角保羅夜晚偵查來不及回到己方的壕溝，敵對的法國軍隊發動了攻擊，他只好躲進戰線上的彈坑裡，火線熱烈交織，突然一個法國士兵跳進同一個彈坑，他本能地衝上去用刀刺了那個人，然後恐慌地退到彈坑的另一邊去。

法國士兵傷勢嚴重，但一時卻還死不了。保羅一直聽到他快要斷氣了的喘息聲。僵持、等待過程中，他忍不住靠過去想要救助那個法國士兵。但他救不了。又等了幾個小時，法國人終於死了。

我所做的事情，是毫無意義的。可是我總得做點兒什麼啊。我把那個死人又扶了起來，讓他躺得舒服一點，雖然他已經什麼也感覺不到了。我合攏他的眼睛。這雙眼睛是褐色的，他的頭髮是烏黑的，兩邊還有點兒捲曲。

……他妻子肯定還在想念他；她不知道已經出了什麼事情。看樣子他好像常常寫信給她似的；她還會收到他的信——明天，一星期之後——，說不定甚至過一

2 雷馬克（Erich Maria Remarque, 1898-1970），德裔美籍作家，代表作是出版於一九二九年的《西線無戰事》。

個月還會來這麼一封輾轉投遞的信。她會看這封信，在這封信裡他會跟她說話。

想到這裡，保羅再也無法阻止自己發現了一項無法否認的事實。他對著被他殺死的法國士兵喃喃地說：

……從前，對我來說，你不過是一個概念，一個活在我頭腦裡的抽象意識，使我下了那樣的決心；我刺過去的，正是那個聯想。可是現在，我才看到你是一個像我一樣的人。以前我只想到你的手榴彈、你的刺刀、你的步槍；而現在我才看到了你的妻子、你的臉和你我之間共同的東西……。爲什麼他們從來沒有告訴過我們，說你們也像我們一樣是一些倒楣鬼，你們的母親也像我們的母親一樣在著急，我們都一樣怕死，也一樣會死，一樣會痛苦。

在他面前不再是一個敵人，而是一個和自己同樣的人。他逼著自己從屍體上拿出了那人的皮夾本，「……把本子打開，慢慢地唸道：吉拉爾德．杜凡爾，排字工人。」然後錯亂地想著：「我把吉拉爾德．杜凡爾這個印刷工人殺死了。我一定要當一名印刷工人。我胡亂地想著，當一名印刷工人，印刷工人……」

敵人還原爲人，還原爲一個有名有姓有妻有女有職業的具體個人。雷馬克用這種方式表達了最有力也最根本的反戰思想。雷馬克寫出了從不同層次看，看到的戰爭不同面貌。戰爭的意義是在國家對國家的層次上，落到人與人，個人對個人的層次上，戰爭有何意義呢？兩個人，單一的德國人和單一的法國人，處在那小小的彈坑裡，他們之間並不存在著戰爭關係，戰爭關係無法成立。他們不只在實際空間上彼此接近，而且在生活的基本形式與價值信念上，也如此相似。雷馬克藉著刻畫戰爭來批判戰爭。

《西線無戰事》和《戰地春夢》差不多同時間出版，寫的都是第一次世界大戰的故事。一九三二年，德國納粹興起，雷馬克離開德國，輾轉到了美國。他在美國結交的文友，就包括了海明威和費茲傑羅。雷馬克的小說《三個戰友》（*Three Comrades*）在美國改編成電影，腳本還是費茲傑羅寫的。而雷馬克最佩服海明威，他曾對朋友說：「要知道，和海明威相比，我是個微不足道的寫作者。」

雷馬克佩服海明威，一部分原因或許就在看到了海明威如何將戰場上敵人之間的曖昧關係，擴大寫成了《老人與海》裡老人和大馬林魚的關係吧！

桑地牙哥是因爲對抗而和大馬林魚有了親近的關係。與大自然搏鬥的過程中，對抗，尤其是夠格的、足以撼動你靈魂的艱難對抗，會將你的對手轉化爲你的同伴，在這樣的特殊「對手/友伴」關係中，愈是強悍的對手，在你的心中就愈高貴。沒有進入這種對抗，就體會不到這種高貴。

原本人是人，魚是魚，這個世界在你身外，然而對抗，尤其是夠格的、足以撼動你靈魂的艱難對抗，你死我活的對抗，卻讓我們和世界上最不可能相關的東西，緊密連結起來了。投手和打擊者，擂台上的兩個拳擊手，鬥牛場上的鬥牛士和狂牛，茫茫大海中一尾幾百公斤重的大馬林魚和一個八十四天捕不到魚的倒楣老漁夫，他們都在對決中產生了不可解的聯繫，至少在對決的情境裡，兩個生命纏捲在一起，彼此互相定義。

海明威喜歡拳擊，喜歡棒球，喜歡鬥牛，都是對決的。在拳擊場上，若你是個拳手，你最尊敬的對手，最終這一輩子不會忘掉的，不是你輕易打敗的，也不是狠狠修理過你的，而是和你纏鬥十五回合，打到兩人眼睛都腫起來，幾乎看不到對方在哪裡，步伐也都踉蹌蹣跚卻還繼續打，那樣的對手。一下子把你打得唏哩嘩啦的，你會恨他；一下子就被你打得唏哩嘩啦的，你會輕視他；然而另外有一種對手，打到後來，你會弄不太清楚心裡究竟比較希望自己贏還是希望他贏，打到誰贏誰輸都無所謂了。

爲什麼人要進入到對決的狀況？就是爲了體會這份終極對手帶來的終極高貴。離開了對決，沒有那樣的對手，人永遠無法了解那樣的境界，不能了解那種情感。對一個孤獨的人來說，進入這種對抗，有時就像進入了戀愛，突然之間外在的其他一切都不重要了，兩人（兩個對手）以外的世界消失了，只剩下這份對抗關係，只有這份對抗關係算數。

對於像桑地牙哥這樣的老人，在進入對抗關係之前，生活中的每一件事情都在提醒他：他老了，正在孤獨地老去。和大馬林魚對抗，他並沒有變年輕，他還是知道自己老了，正在老去，然而此時，他老了這件事情只跟這條大魚有關係，外在的世界消失了，他不需要再爲外在世界感到困擾。

他和大馬林魚，這是英雄規模的挑戰。做爲讀者，我們隨著他進入對抗、挑戰，因而我們預期，小說應該會在對抗、挑戰有了勝負就結束了。我們多麼希望小說寫到桑地牙哥既勝利又哀傷地逮到大馬林魚就結束了！是的，基本上骨子裡我們都是懦夫，我們都期待著艱難挑戰之後，是勝利，是快樂，是鬆一口氣。基本上骨子裡，我們都帶著被張愛玲嘲笑的特質：讀小說總期待會有大團圓。

我年輕時，第二次讀《老人與海》，讀到了大馬林魚終於屈服了，血染紅了海面，就失去繼續讀下去的衝動。因為我知道接下來要發生什麼事，就沒有辦法以原來的熱忱繼續讀小說。我腦中無可避免想著：就結束在這裡不好嗎？現在我明白這種抗拒、遲疑的感覺從哪裡來了——因為桑地牙哥和大馬林魚的搏鬥結束了，外在現實就回來了。

用寓言的眼光來讀《老人與海》，那麼鯊魚顯然就代表了英雄必須回返的平庸世界，那個不理會高貴精神、貪婪且殘酷的外在世界。鯊魚不會理會、更不能理解桑地牙哥用什麼方式才贏過了了不起的大馬林魚，他們追著血腥味蜂擁過來，死皮賴臉地咬走他們要的。

素樸格外感人的情境

現代主義小說和傳統小說最大的不同，在於其內在性，探索人的內在，而不再只是記錄外在的戲劇性事件。現代小說充滿了反思，挖進去碰觸人的精神本源。現代小說的敘述邏輯，因而是垂直的，尋求深度，而非廣度。

要這樣挖掘，所以現代小說裡的主角，常常都是作者自己的化身，至少是和他很像的人。常常是和世界若即若離，適應不良，愛讀書、愛東想西想、愛在腦袋裡自言自語的人，比較適合作爲現代小說的主角，接受這樣的反思挖掘。

海明威了不起的地方是，在《老人與海》中，他敢於選擇了一個很單純、沒念什麼書，也就不會去引用尼采，不會聽巴哈音樂，也不會帶著湯瑪斯·曼的《魔山》上船出海的人，來當小說的主角。不過，海明威沒打算把桑地牙哥寫成一個簡單、平凡的人。選擇桑地牙哥這個老人，就是要讓讀者明瞭：在一個偉大的對決情境下，即使是像桑地牙哥這樣單純的人，都會被刺激出素樸卻深刻的自我人生哲學。正因爲素樸，所以格外感人。海明威沒有把桑地牙哥寫成一個引經據典的哲學家，但他的素樸人生反思，並不比引經據典的內容來得淺薄。

我們可以爲了桑地牙哥的人生哲學，好好將《老人與海》重讀一遍。認眞專注地讀，你會發現他的腦袋眞簡單，又眞不簡單。簡單，因爲他想的、他自言自語說的、他對著海裡那尾了不起的大魚說的話，完全符合一個老漁夫的身分。不簡單，因爲這些看似簡單的東西，我們讀進去了，就不會忘掉。

一個老漁夫，他講到海，一定用女性人稱，而且很難習慣年輕人把海當作男性。那是來自於他和大海幾十年相處的經驗，加上他和女性幾十年相處的經驗。大海和女人一樣不可預測，時而狂野、時而莽撞、時而平靜；大海和女人一樣，都帶著無法控制的狂野與邪惡成分，卻又讓人離不開，必須努力掙扎著去控制，或至少是製造控制的假象，假裝自己可以控制大海和女人。這是一個在海上混跡幾十年的老漁人的自我解釋與解嘲。

在他的經驗裡，大海很壞，大海很野，但這種壞那種野，不是男人的壞、男人的野。男人的壞、男人的野是有目的的，女人不是，女人的壞與野，往往是無法自制的結果，can't help herself，來自內在的自我矛盾牴觸。所以大海像女人，它不是故意爲了毀滅什麼而邪惡狂野，那是它不得已的，來自它的本性。

如此呈示大海的形象，一方面很奇特、很深刻，另外一方面又很自然。完全不是我們這種沒有在海上混過的人可以想像得出來的。這樣的概念，放置在一輩子與大海共存的老漁夫，一個青春已逝的老男人身上，極有說服力。

又例如桑地牙哥反覆思考他和大魚之間的關係。其中有一段，缺乏睡眠造成的恍惚狀態中，他對著釣線另一端的大魚開始討論起「罪」的問題。「我殺了你，對嗎？」

這樣的問題，聯繫到他的罪惡感，但那不是保護動物、珍惜生命那樣普遍的罪惡感，而是出現在那種情境下，呼應那種情境的疑惑，因而比普遍的罪惡感更加深刻。

他問的是：在對決關係中，我如此愛這條魚，尊重這條魚，但我還是不得不殺了他，這是對決的宿命。那麼我有罪嗎？因爲我尊重他，所以殺他無罪；還是因爲我尊重他，所以殺他就更加罪孽深重？你們會如何回答？誠實地說，這是一個不管我讀多少次《老人與海》，都回答不了的問題，也是不管我第幾次重讀《老人與海》，都必然深深感動的問題。只有老漁人才會問這樣的問題，從這個問題開展出去，碰觸到了人類情感最根本、也最柔軟的部分。

爲了愛，我們可以做什麼事、不可以做什麼？有了愛，什麼是可以因而被原諒的？經常我們爲了愛，或以愛爲名，所做的事情卻是可怕的。從父母和子女的關係，到情人、夫妻的關係，其實不都環繞著這樣的問題上演悲喜劇的嗎？只是平常我們不太會直接思考、更少直接去回答這樣的問題，因爲太難思考、太難回答了。

桑地牙哥無法不思考、不回答。因爲他處在如此特殊的情境中，他知道自己多麼尊敬這條大魚，他也知道大魚在這個世界上和他最親近，但是這份尊重、這份親近卻又逼著他不能放棄，不能不鬥到底，證明自己是配得上這條大魚的。

可以被摧毀但不能被打敗

在海上經過了這一切，桑地牙哥更確認了，他生命中最重要的價值在於：他可以被摧毀（distroyed），但不能被打敗（defeated）。這又是從艱難、痛苦的處境中，勇敢地體會出來的。他可以接受被摧毀，但絕對不願意被打敗，他不服輸，他可以完蛋，就是不能輸。問題在：什麼是distroyed，什麼又是defeated，這兩者如何分辨？

當作抽象的哲學討論，分辨distroyed和defeated，很不容易。無法給這兩個字明確且不重疊的定義，會有很多曖昧模糊的空間。例如，要是有一次我在「誠品講堂」開課，結果來報名的不是一百多人，不是幾十個人，只有五個人，那麼我是被摧毀了，還是被打敗了？然而，放在《老人與海》小說的脈絡中，從桑地牙哥的經驗上，那就清清楚楚、明明白白。

在對決當中，如果他輸了，因此喪失生命喪失了一切，被徹底摧毀了，他可以接受，無所謂。但如果要教他放棄對決，不管因爲什麼樣的理由，使得他放棄了對決，那就是打敗了他。他無法接受被打敗。還有另外一層對於摧毀和打敗的對照，摧毀發生在對決中，公平坦蕩蕩的發生；打敗卻是在對決之外，拉扯進了其他不那麼光明正大的因素與手段。

小說中，桑地牙哥先是在和大馬林魚的對決中，感受到了：如果了不起的魚殺了我，那也沒關係，我被摧毀了卻沒被打敗。接著，換了不同方向，他又在和鯊魚的糾纏中，碰觸了這個對比。他不能接受鯊魚的襲擊，因爲那不是光明正大的對決，就算戰到手無寸鐵，他都不願退卻。

桑地牙哥是個有骨氣、不服輸的老人，我們如何看出他的骨氣，被他不服輸的精神折服？因爲他輸了，輸得很慘。這既是海明威的一則寓言，也是海明威的自況。這個世界總如此，有骨氣的人，最終都會輸在不值得輸的力量之下。有骨氣的人寧可在拳擊場上被打倒、打垮，都勝過在現實生活中被欺負、被暗算。但愈是這樣期待的人，偏偏就愈是容易被欺負、被暗算。換句話說，有骨氣的人會有骨氣，正因爲這世界不是拳擊場；他的骨氣之所以會感動我們，也因爲這個世界不是拳擊場，我們知道這個世界不那樣光明磊落，我們訝異他竟然將拳擊場上的態度帶下擂台來。

你希望遇到生命中的大馬林魚，寧可讓那大馬林魚摧毀你，然而近乎宿命的，最後洄游在你身邊打敗你的，卻總是鯊魚。每個人都有他生命中的鯊魚。最悲慘的當然是，你好不容易剛完成了生命中的重要對決，得到了慘烈的勝利，還來不及眞正享受勝利的感覺，鯊魚就來了。於是一個念頭必定浮上來：我還寧可被了不起的對手打倒，從此不起，那樣我就不必面對這些鯊魚了。

桑地牙哥遭遇了空前、想必也是絕後的強悍對手，他都沒有輸。但是他也沒有贏，他贏不了，因爲會有鯊魚追著血腥味道尾隨而來。人要如何面對這麼痛苦的宿命——不服輸，卻又明知自己非輸不可？

海明威在小說裡提供了一個或許他自己都不是很有把握，但很可愛的答案，同時給了我們一個這個世界上爲什麼會有虛構、會有小說的根本理由。正因爲人生不服輸卻又非輸不可，所以不時我們會需要虛構，以虛構來哄哄自己，讓自己舒服些、好過些。

小說開頭的部分，有一段是小男孩和桑地牙哥的對話。小男孩問說：「那你晚上吃什麼？」桑地牙哥回答：「家裡有一鍋魚和飯。」小男孩就說：「我可以幫你把它熱一下。」桑地牙哥說：「不用啦，我自己會熱，也許我可以吃冷的。」這完全是正常、日常的對話，沒有任何特別之處。

接著小男孩和老人聊起了從報紙上讀來的棒球消息，討論了洋基隊、老虎隊和印第安人隊。突然，海明威在這裡加了一句：他們兩人都知道，那鍋飯並不存在，兩個人都知道沒有那鍋飯存在，但小男孩不太知道是否連報紙也不存在，也是虛構出來的。小男孩當然知道沒有那鍋飯，不然他後來就不會跑到「露臺酒吧」去幫老人找吃的了。那爲什麼會有那樣的對話，還講得如此自然？

不過就是讓艱難的生活，其實都看透了的生活，稍微好過點。讓必定帶著矛盾痛苦的生命，多一點稍微舒服些的空間。小說中，桑地牙哥也是個小說家，只是他的虛構編造，往往不是對別人，而是對自己。當他釣到了大馬林魚，魚大到使得他無法收線，只能揹著釣線熬著，繩子的壓力絕對讓桑地牙哥很痛，但海明威不會寫桑地牙哥如何叫痛，他甚至沒有正面去描述那樣難耐的、持續一整夜的痛苦，他的寫法是：桑地牙哥想辦法讓自己換了一下位置，然後，他相信這樣舒服了，但還是痛，而且比剛剛還要痛，可是他相信自己是舒服的。他痛到只能用這種方式處理，虛構欺騙自己：我現在會比剛才舒服些了。

虛構、小說讓我們可以不用把人生看得那麼清楚，另一方面卻又讓我們把人生看得比別人清楚。應該這樣說，看清楚了生命中的某些必然，知道其中注定會有很大的波折，也就懂得去尋訪應對的準備方法。

讀過那麼多小說的人，眞正遇到了種種波折時，當然比較不會驚慌失措，不會搞不清楚這到底是怎麼回事。海明威在這裡顯現了他的幽默感，教你用這種方式透視生命，看見在生命中承受諸多痛苦，比我們痛苦得多的人，如何用一點虛構的小把戲，讓自己活得舒服些。

這不只是桑地牙哥和小男孩的小把戲，也是海明威自己應對生命的小把戲，甚至是他寫小說、成爲小說家的一項理由，甚至也是大部分小說家之所以寫小說的主要理由。寫《老人與海》時，至少是完成、發表《老人與海》時（小說草稿有可能更早就寫了），海明威自己的生命經歷了許多波折，於是這部小說的關鍵部分，必然反映了作者自己的生命感觸，藉此來自我安慰與自我解嘲。

小說寫的是一場大對決，對決中主角克服了一切，包括克服了自己對大馬林魚的尊敬，獲得了勝利。可是接下來，勝利帶來的，卻不是日本電視節目裡那種場景：超級大鮪魚在港口上拍賣，賣了幾百萬日幣，捕到大鮪魚的船主對著鏡頭露出幸福的笑容。桑地牙哥的勝利，同時也是他的詛咒。原來人享受勝利成果，也是有其限度的。

大馬林魚太大了，沒辦法拉到小船上來，只能綁在船旁邊，於是返航的過程中，就不斷招惹了鯊魚來掠奪。鯊魚狡猾、偷偷摸摸，不給桑地牙哥正面對決機會地一點一點把大馬林魚咬走吃掉了。這是海明威自我安慰、自我解嘲的人生經驗與人生觀，其實對決、夠格的生命情境，往往只占百分之一的時間，剩下的百分之九十九，人不是處於荒蕪的等待，就是陷入瑣碎的挫折消耗中。關鍵在於：你怎麼看待這百分之一的光彩高貴時光？是認為百分之一的意義足以超越百分之九十九，還是認為在百分之九十九的對照下，百分之一如此稀微黯淡，近乎無意義？

徹底絕望中的一絲溫暖

《老人與海》一直在希望與絕望中徘徊、擺盪。百分之九十九和百分之一坐在翹翹板的兩端，上上下下。八十四天捕不到魚，近乎絕望。出海卻釣上了大馬林魚，擺回希望的一端。和大馬林魚僵持兩天兩夜，看起來是贏不了了，又擺向絕望那邊。好不容易熬到大魚開始繞圈圈浮游上來，又換希望占上風。最大的轉折發生在對決有了明確的結果，然而渾身傷痛的老漁人，卻得不到安心、休息，必須持續對付沒有任何機會戰勝的鯊魚。

第一次讀《老人與海》，留下最深刻印象的就是老人拉著大馬林魚的殘骸回到港口，倒在床上昏睡，小男孩一看到他就忍不住一直哭一直哭，太慘、太絕望了。抱持著這樣的印象，很長一段時間，我都無法重讀《老人與海》最後一部分。三十歲之後，終於重讀，才發現海明威寫的，比我記憶中的細膩得多。他並沒有眞的讓那翹翹板全部倒在絕望那頭。

對抗鯊魚時，老人失去了魚槍，失去了小刀，甚至失去了一支船槳，沒有任何可以阻擋鯊魚的工具。徹底的絕望。不，在這種狀況下，他有過一個念頭想要把了不起的大馬林魚長長的劍喙摘下來，綁在另一支船槳上，來對付鯊魚。如此大馬林魚就眞的成爲他的夥伴了。這是個無法實現的想法，然而這個想法可以給桑地牙哥，也給我們，在那徹底絕望中得到一些溫暖。

還有，小說並不是只寫到桑地牙哥凌晨返抵漁港就結束的。一場大對決的勝利，無法幫他帶來一毛錢，大馬林魚的魚骨很快又會被浪濤捲回大海，留不下任何痕跡，但畢竟還是有人在老人昏睡時，拿著尺去丈量了那條長骨，量出來有十八呎那麼長。他們知道、因爲他們能夠想像，桑地牙哥在海上完成了如何不可思議的事跡，一個人釣到那麼大一條魚。這又是在徹底絕望中的一點安慰。

海明威一生，贏過不少對決，但他也無法一直活在對決裡，他的生命，更多的時間畢竟還是只能被鯊魚包圍。他最後開槍打碎了自己的腦袋死去，人們都認爲他是自殺的。他的身體與他的精神都出了嚴重的狀況，嚴重到會讓人不想活下去的程度。然而他的第四任太太，當時陪在他身邊的瑪麗·海明威卻始終無法接受他是自殺的。瑪麗堅持，那是擦槍時走火的意外事件。

我們不應該單純地認爲瑪麗只是個人情感上無法接受海明威死了，更難接受海明威會選擇主動地永久離開她。讀海明威的作品，尤其是讀《老人與海》，我們應該會有片刻願意考慮站在瑪麗那邊，考慮接受她的說法。海明威眞的會那麼絕望，絕望到找不出一點點溫暖與安慰，必須訴諸極端手段，終結自己的生命嗎？他是個小說家，他是個懂得如何用虛構讓生命更値得活著的小說家啊！

6 存在上的勇士或懦夫

一九五〇年代的美國及東亞

談海明威之死，要回溯從一九五〇年代的美國談起。

一九五〇年二月，一位由威斯康辛州選出的參議員，召開了一場記者會，宣稱他手上有一份名單，上面列明了在美國臥底的共產黨人士。這位參議員進入國會已經六年，在此之前，不曾有什麼特別表現，除了威斯康辛州的選民之外，很少人認識他，他的名字叫約瑟夫．麥卡錫（Joseph McCarthy）。麥卡錫說：那份名單上有共產黨員、有共產黨同路人，還有蘇聯的間諜，他們都潛伏在國務院裡。這件事立即在美國引起了軒然大波。

麥卡錫並沒有在記者會上公布這份名單，他的理由：這份名單證明了美國國內藏著臥底的敵人，所以應該要進行大規模的調查，將這些敵人通通抓出來。於是他利用身為參議員的特權，召開了一連串的聽證會，變相地公開審判他認為有臥底嫌疑的人。

美國參、眾兩院的國會議員，是有調查權的，有權強制召喚公民參加聽證會，也有權要求公民在聽證會上宣誓，聽證會發言的效力等同於法院作證。麥卡錫利用聽證會的權力，實質上進行了對於美國社會的「大肅共」，許多人被召喚到聽證會上遭到審判、羞辱，套上「蘇聯間諜」、「美國叛徒」等罪名。這就是歷史上的美國「白色恐怖」時期。「白色」指的是右翼保守主義，對應於代表左翼共產主義的「紅色」，右翼勢力到處檢舉、追獵共產黨，構成了「白色恐怖」。

同一年，一九五〇年，在遠東爆發了韓戰，進一步助長了麥卡錫的氣焰。韓戰爆發時，距離第二次世界大戰結束，僅僅只有五年的時間。這場戰爭最後延續了三年半，戰鬥範圍基本上沒有超越朝鮮半島。不過在戰爭剛爆發的當下，沒有人知道這場戰爭會牽連蔓延多廣，沒有人知道這會不會是第三次世界大戰的序幕。

韓戰和台灣有著很密切的關係，如果沒有韓戰，台灣很可能早就落入中共手中。因爲韓戰爆發，美國爲了穩定東亞情勢，也爲了阻止蘇聯的擴張，緊急調派第七艦隊巡防台灣海峽，緊急給予台灣軍事援助，一下子穩住了逃亡來台的國民黨政府。

韓戰初期，北韓在蘇聯和中共的協助下，軍事行動勢如破竹，快速往南推進，南韓部隊節節敗退，最慘時退到了半島最南端的釜山，再退就要掉進黃海了。後來是靠麥克阿瑟將軍帶領美軍部隊，在釜山與仁川兩地同時登陸，朝北反攻。情勢逆轉，美軍不只收復了原本的南韓領土，還打過了分隔南北韓的北緯三十八度，進入北韓領土。

再來卻爆發了麥克阿瑟將軍和美國總統杜魯門的公開衝突。麥克阿瑟將軍打算帶領軍隊一直北上，穿越北韓國境後，繼續跨越鴨綠江進入中國領土。麥克阿瑟的考量是：所謂北韓軍隊，陣中其實絕大部分是響應「抗美援朝」而來的中國人，中華人民共和國實質上已經參戰了，是參戰國之一。明明戰爭的對手包括中國，那就沒有理由在鴨綠江邊中止軍事行動，坐視敵人躲進中國領土得到喘息的機會。麥克阿瑟的主張，震驚了杜魯門總統，他擔心麥克阿瑟的莽撞行爲會逼著在北韓和中國後面的蘇聯，不得不出面與美國對戰。那就不只是世界上最強兩個國家的衝突而已，是兩個都掌握了核子毀滅武器的國家要正式開戰。爲了防止這恐怖情況成眞，杜魯門決然動用最高統帥權，直接解除了還在前線的麥克阿瑟指揮權。

消息傳來，最感失望的人之一，是蔣介石。他當時正等著美軍一渡過鴨綠江，他就要帶著國軍要嘛跟隨美軍參加對中共的戰爭，要嘛從台灣發動渡海的「反攻聖戰」。因而蔣介石一輩子討厭杜魯門，獲得美國援助要表現對美國的親善好意，他寧可將一條大馬路以在「雅爾達密約」中出賣中國利益的羅斯福總統來命名，就是不肯用上決定給予台灣援助的杜魯門的名字。蔣介石也一輩子佩服麥克阿瑟，爲麥克阿瑟打抱不平，所以台灣用美國人經費蓋的第一條快速道路，就取名爲「麥克阿瑟公路」，簡稱「麥帥公路」。

我們不能說杜魯門的考慮沒有道理，的確，當時的世界承受不起另一場全面的戰爭。在這個背景下，美國和南韓的軍隊放棄了在北方占領的土地，在大勝情況下，簽下停戰協定，退回到繼續以北緯三十八度線作爲南北分界的安排，在線兩邊劃出非軍事緩衝區。

晚安，祝你好運

韓戰將美國帶到了一場新的大戰邊緣，讓美國人確實感受到核子武器的威脅。這不再是一九四五年美國人獨占原子彈製造能力的情況了。美國曾在廣島和長崎投過兩顆原子彈，當然了解原子彈不可思議的破壞毀滅威力。要是蘇聯的原子彈落在美國的土地上……

美國社會陷入空前的緊張。害怕戰爭、害怕原子彈、害怕蘇聯、害怕共產黨。藉由這種普遍的恐懼氣氛，麥卡錫快速膨脹其權力，自命爲打擊共產黨、打擊蘇聯在美國臥底勢力的使者，到處指控別人是可疑份子。

這段歷史，和台灣有著令人尷尬的關係，台灣是「麥卡錫主義」的受益者。先是韓戰爆發，在軍事上保住了台灣，接著「麥卡錫主義」在美國肆虐，又重創了台灣的重要敵人——同情中共的美國左派知識份子。

早在第二次世界大戰時，美國就有了一些同情中共的人士。他們熟讀了史諾的《紅星照耀中國》[1]，認識了毛澤東和中國共產黨，視中共爲具有理想的左翼土地改革者，對照下，蔣介石及其帶領的國民黨，看起來像是希特勒和墨索里尼的法西斯政權翻版。大戰結束後，中國很快陷入內戰，這些同情中共的人，開始以積極具體的行動，影響美國國務院外交政策，對抗親國民黨的「中國遊說團」。

以《時代》（*Time*）雜誌創辦人亨利．魯斯（Henry Luce）爲首的「中國遊說團」，是蔣介石、國民黨在美國最重要的朋友，戰爭期間幫中國爭取了許多援助，還特別安排了蔣宋美齡到美國訪問並堂皇地在國會發表演說。然而，國共內戰期間，關於蔣介石政權的貪汙腐敗消息不斷暴露在美國媒體上，大大削弱了「中國遊說團」的影響力。「中國遊說團」在國會還是能夠拉到不少參、衆議員，然而行政部門的外交單位，卻明顯地倒向中國共產黨。一九四九年，美國國務院在關鍵時刻發表了「中國政策白皮書」，明確放棄對國民黨的支持，正是壓垮駱駝的最後一根稻草，促使國民黨在大陸全面敗逃。

然而韓戰爆發、麥卡錫聽證會如火如荼展開，逆轉了美國社會的態度。從費正清（John King Fairbank）開始，親中共、甚至只是表現過同情中共革命的人，一一被叫到聽證會上，質疑他們的立場，質疑他們對美國的效忠。這種氣氛當然有助於國民黨重建和美國的關係，更大有助於台灣獲得大量的美國軍事和經濟援助。

麥卡錫要對付的，主要不是中國，而是中國背後的蘇聯。那幾年中，隨著麥卡錫主義一併升高的，是美國人對蘇聯的惡感，乃至仇視。從一九五二年起，美國最主要的民調公司蓋洛普，每個月持續針對麥卡錫參議員的支持度做全美調查。一九五四年一月，麥卡錫的聲望到達最高點，那一個月蓋洛普民意調查顯示：支持、贊成麥卡錫的占百分之五十，反對、不同意他的占百分之二十九，麥卡錫竟然獲得了半數美國人的認同，簡直到了可以選總統的高度。

1 史諾（Edgar Snow, 1905-1972），美國記者。《紅星照耀中國》（*Red Star Over China*，或譯《西行漫記》）是史諾於一九三六年前往中國延安採訪中共領袖及將領等人的紀實著作。

不過也就在麥卡錫最不可一世時，發生了扭轉歷史發展的事件，集結了對於麥卡錫的反撲力量。這個事件，前幾年曾經由喬治．克隆尼（George Clooney）製作、導演拍成電影《晚安，祝你好運》（*Good Night, and Good Luck*）。這部電影記錄了一九五四年發生的眞人眞事。電影片名*Good Night and Good Luck*來自當年的一個電視新聞節目*See It Now*，主持人Edward R. Murrow在節目結束時，總是對著鏡頭（而且點著菸）很有個性地對觀衆點頭說：「Good night, and good luck!」

電影開場時，麥卡錫已經幾乎是全美國最有權力的人了，就連美國總統艾森豪都不願站在和他相左的立場。已經有超過百人被叫到聽證會上，打成了可疑的蘇聯間諜或共產黨同路人。這些人原本的生活被打亂，甚至被摧毀了，有人因而自殺，也有人因而發瘋，更多人因而失去了工作、失去了婚姻家庭。整個社會在麥卡錫的主導下，籠罩在受迫害妄想中，大家都害怕身邊有蘇聯間諜，近乎歇斯底里地在身邊尋找可疑人物；同時也就助長了對自己看不順眼的人，就指控人家是蘇聯間諜、是共產黨的風氣。那影響所及就不是幾百人了，而是幾十萬人，乃至幾百萬人。

Edward R. Murrow和他的製作人深覺：美國正被麥卡錫帶領著，走上一條瘋狂的道路。身爲公民，他們必須想想辦法將美國喚醒；做爲新聞工作者，他們更有義務揭示麥卡錫主義的黑暗面。但要想什麼樣的辦法？怎樣才能達到目的？大聲疾呼有用嗎？直接對抗批判麥卡錫能產生效果嗎？

討論了許久，他們決定做一件簡單的事，先只做這麼一件簡單的事。那年三月九日的 *See It Now* 節目做了一個麥卡錫專輯。除了開場、中間和結尾三段話由主持人 Murrow 對著鏡頭講話，其他時間通通都是麥卡錫參議員的畫面。他們把麥卡錫在參議院聽證會上指控別人的話剪輯在一起，讓觀眾看到麥卡錫一次又一次，對不同的人說：你是個背叛國家的人，因爲你做了如何如何的事……

播過了一連串麥卡錫對人的指控後，Murrow 在結尾處說了一句重點：「指控不等於事實。」指控需要有事實來支撐，然而麥卡錫的聽證會上，只有指控，沒有事實，他往往在沒有提出任何事實證據的情況下，給人家戴上最嚴重的指控帽子。

三月九日播了一集，一周後，三月十六日，又以同樣手法再製作了一集。播出效果，遠超出 Murrow 他們原本的預期想像。那是電視才剛剛開始流行沒太久的時代（台灣還要再等七、八年才有第一家電視台開播），絕大部分的美國人是透過報紙或廣播，尤其是透過轉述知道麥卡錫及其聽證會的。很少人有機會眞正坐在參議院聽證會上，實際感受麥卡錫是個什麼樣的人，他用什麼口氣說話，用什麼方式逼問、訾罵、羞辱來作證的人。也因而很少人意識到：當麥卡錫沾沾自喜逮到「共產黨員」、「臥底者」時，他手上握有的證據多麼薄弱！

Edward R. Murrow他們這些新聞人，在聽證會現場具體感受過那種讓人起雞皮疙瘩的恐怖。他們目睹耳聞麥卡錫的控訴，無可避免在現場一再生出顫慄聯想：如果換作是我被叫去聽證，我有辦法躲過麥卡錫的迫害，從聽證會中全身而退嗎？更進一步，他們不得不問：有任何保證，我不會是下一個被麥卡錫叫到聽證會上的人嗎？

一件事再簡單不過：用麥卡錫的方式，每個人都可能、都可以被定罪爲國家敵人，只要麥卡錫挑上了你。任何人被麥卡錫叫到聽證會上，都不可能比這些已經被羞辱、被定罪的人回答得更好，因爲麥卡錫從來不在意你怎麼回答，他從來不在意事實。Murrow他們要讓美國人看到他們所看到的，眞實的麥卡錫嘴臉。

不過就是如實、原原本本讓觀衆看到麥卡錫的樣子，他說話的口氣，他摧毀別人人生的指控方式，果然就讓美國社會起了大騷動。情況逆轉，不同意、反對麥卡錫的人，大幅增加。幾個星期之後，麥卡錫又給Murrow送來了一個大禮，加速了自己的下墜速度。四月六日，麥卡錫上了*See It Now*節目，接受Murrow的訪問。現場直播的節目裡，麥卡錫很快就失控了，當場發飆，將他在聽證會上的那套言行搬了出來，開始指控說：Murrow，我知道你跟誰誰走得很近，我手上有證據顯現你不是個善良、正常的美國公民……可是當Murrow追問要他拿出證據時，他卻只是繞圈圈用更凶惡的語氣反覆指控。

讓那麼多人看到麥卡錫的眞面貌，幫助美國社會快速從「麥卡錫主義」的集體歇斯底里中清醒過來，這是美國歷史上重要的一頁，也是美國新聞史上輝煌的一頁。新聞盡到了其本務——促使瀕臨瘋狂邊緣的社會醒過來。這是美國新聞行業最根本的責任信念。和台灣新聞行業的現實，恰好構成極端的對比，我們的新聞是每天想方設法，要讓這個社會失去理性節制，一個發了瘋的社會，竟然才是新聞媒體的利益所在，何其荒謬啊！

FBI的胡佛傳奇

一九五四年五月，麥卡錫上了*See It Now*節目之後，新的蓋洛普民調數字是：百分之三十六的人贊成他，百分之五十一的人反對他。麥卡錫的勢力快速瓦解，兩年多之後，還不到五十歲的麥卡錫因病去世，正式結束了美國歷史上這一頁既荒唐又可怕的「麥卡錫主義」時期。

麥卡錫不在了，然而塑造「麥卡錫主義」的一些元素，卻沒那麼容易消失；還有，「麥卡錫主義」在美國社會留下的創傷，也沒那麼容易徹底痊癒。整個五〇年代，美國社會陷入不信任的恐慌中，帶著一種集體焦慮，老覺得有人要出賣你，有人要出賣這個社會，有人要出賣這個國家，上上下下惶惶不安。

惶惑不安、缺乏自信的社會，很容易傾向於尋找可以指責的替罪羔羊。五〇年代，另外一股強大的社會力量，是尋找、乃至於創造「國民公敵」（public enemies）。那個時代，美國甚至出現了建制化的機構從事尋找、創造「國民公敵」的工作。

那個機構是Federal Bureau of Investigation，ＦＢＩ，這個大名鼎鼎的機構，擁有聯邦最高司法調查權。很難想像卻是確鑿的事實：在ＦＢＩ將近八十年的歷史中，絕大部分時間是個「一人單位」。ＦＢＩ是個龐大機構，裡面有很多探員，還有很多行政職員，不過絕大部分時間，衆多探員、職員，都由一個人，同一個人支配控制。

這個傳奇人物是胡佛（John Edgar Hoover）。胡佛出生於一八九五年，和海明威同一世代。一九二四年，他還沒滿三十歲，就被任命爲The Bureau of Investigation的負責人。這個屬於聯邦政府的機構，本來是個小單位。因爲犯罪司法調查，主要是由州政府負責，這個單位只處理牽涉到一個以上的州，沒有個別州負責的調查活動。然而，一方面是聯邦政府逐漸擴權，一方面歸功於胡佛的積極手腕，到一九三五年，The Bureau of Investigation轉型，升等爲Federal Bureau of Investigation，胡佛順理成章擔任新創的ＦＢＩ第一任局長。他的局長職務一直當到什麼時候？到一九七二年，三十七年之後，死亡才讓他不得不離開這個位子。

胡佛活了七十七歲，其中五十多年，待在同一個單位，領導、掌控一個單位五十多年！換另外一個算法，從ＦＢＩ的前身The Bureau of Investigation算起，五十幾年的時間內，這個機構沒有更換過負責人。如果說這個機構充斥著效忠胡佛的人，機構上上下下以執行胡佛的意志爲其主要任務，我們會覺得意外嗎？

胡佛的ＦＢＩ資歷，在美國歷史上是空前的，應該也會絕後。在以分權爲主要政治價值的政府裡，竟然可以把持如此重要的單位，不受任期約束，眞是奇蹟。胡佛憑什麼？難道他不想交出位子不想離開，就可以如願嗎？他憑藉的，就是ＦＢＩ如此重要，ＦＢＩ的調查權如此強大。至少有三位美國總統曾經試過要換掉胡佛，杜魯門、甘迺迪和詹森，但三個人都失敗，而且都敗得蠻慘的。

巔峰時期，胡佛手下有超過五千名調查幹員，在全美各地進行調查，他們蒐集回來的情報資料，整理成各式各樣的檔案。基本上，每一個美國名人都有其ＦＢＩ檔案，裡面放了許多他不會願意讓人家知道的私人行爲紀錄。美國總統是名人中的名人，他們的檔案比誰都厚都豐富。即使貴爲總統，都無法確知胡佛的機構究竟掌握了什麼樣的情報，更不可能有把握如果胡佛要發動報復，會對他們產生多嚴重的傷害。三個試圖換掉胡佛的總統，都不是完人，也就不難理解爲什麼他們最終還是得對胡佛低頭了。

敗得最慘的是詹森。他本來立意堅定要撤換胡佛，也都想好他的政治策略，然而一旦眞的開始發動運作，就發現自己踢到了鐵板。胡佛毫不遲疑地發動反攻，輕而易舉動員了許多國會議員組成保衛陣線。這對他有什麼難的？哪一個國會議員沒有一點金錢財物或男女關係的祕密握在胡佛手中？接著胡佛索性利用機會，轉守爲攻，一鼓作氣，逼著詹森節節敗退，最後非但沒有換掉胡佛，詹森還以總統行政特權，頒布了命令，規定ＦＢＩ的局長不受聯邦公務員退休年紀限制！這就是胡佛可以在局長任內合法幹到死的依據。

一九九一年，導演奧利佛．史東（Oliver Stone）拍的電影《誰殺了甘迺迪》（*JFK*），裡面有一位鍥而不捨撈過界調查甘迺迪總統暗殺事件的檢察官加里森（Jim

Garrison），他努力想要有所突破的線索，就來自於甘迺迪遇刺後，接任總統的詹森在這件事上頭不尋常不合理的反應。先是一上任就急著要換掉胡佛，後來不只沒有換掉，竟然反過來，給了胡佛可以終身幹局長的酬庸待遇。這不是太奇怪了嗎？

加里森的理論是：詹森想換掉胡佛，因爲要換上一個自己人，來控制FBI對於甘迺迪暗殺案的調查。詹森後來換不掉胡佛，因爲胡佛已經掌握了詹森最不希望FBI發現的事——詹森和暗殺案之間的關係。面對胡佛掌握的訊息，詹森毫無招架之力，只能動用一切可能的資源，來換取胡佛不披露他在暗殺事件中扮演的陰謀角色。

甘迺迪遇刺，發生在一九六三年十一月，距今快要五十年了。這麼久遠以前的事，卻一直到今天都還能刺激、引發美國人的熱烈興趣、激動討論。因爲這個案子有很多環節始終沒有辦法合理地連接起來，刻畫出事實的輪廓。打到車前座州長的那顆子彈，和穿過甘迺迪總統腦袋的那顆子彈，是不是同一顆子彈？是一顆子彈還是兩顆子彈？子彈是從倉庫的窗戶打出來的嗎？還是另有開槍的地點？刺客奧斯華是一個人行凶，還是另有幫凶？甚至，奧斯華是眞正開槍的凶手嗎？最不可思議的是，奧斯華被捕後，他怎麼可能在FBI宣布找到了凶手的記者會上，當場被人開槍幹掉，滅口了事？

這些事都牽涉到FBI，胡佛統治下的FBI，那是一個神祕的黑洞，沒有人弄得清楚究竟藏了多少祕密，也就會持續引發無法停歇的猜測、爭議。胡佛是那個年代躲在體制中，卻不受任何體制約束的權力黑手。

被鯊魚環伺的海明威

用海明威的比喻，從海明威的角度看，麥卡錫和胡佛都是鯊魚吧！那個年代，他靠著寫出《老人與海》重新站穩小說拳王的地位，進而獲得了諾貝爾文學獎的桂冠殊榮，然而他的生活，他的國家，卻處在鯊魚環伺的情況中，遠離英雄對決的光輝。

麥卡錫主義肆虐時，海明威是理所當然的國民公敵，是麥卡錫要對付的對象，FBI不只有一份厚厚的海明威檔案，而且這份檔案還以驚人的速度不斷擴充增長著。後來甚至有FBI內部的人爆料宣稱，在胡佛私人關切的檔案上，海明威排名第一，甚至還排在民權運動領袖馬丁路德．金恩博士前面。

我們不必盡信眞有那麼一份排行榜。不過胡佛會要FBI特別「關切」海明威，有其理由。光是他長年和古巴勾勾搭搭，毫不諱言將古巴領導人卡斯楚視爲好友，就夠讓胡佛拿他當作危險的美國敵人了。古巴是距離美國最近的共產主義國家，是美國後門口的一道威脅。尤其是五〇年代的冷戰邏輯中，古巴受蘇聯控制，等於是守在美國近旁的一個攻擊基地。

偏偏海明威和古巴的關係一點都不尋常。《老人與海》小說中桑地牙哥返航時，遠遠看到的是哈瓦內的燈光。哈瓦那，是古巴的首都，雖然沒有明講，但海明威給了夠多的線索，讓我們知道那令人尊敬的老人，是古巴人。還不只這樣，他也給了夠多線索讓我們知道：雖然小說是用英文寫的，不過桑地牙哥不講英語，他講的是西班牙語。老人是古巴革命社會的子民，不是美國資本主義社會的產物。

海明威甚至在古巴有他自己的情報網。他的動機是追蹤流亡到古巴的納粹餘孽行跡，順便將部分的相關情報轉給美國政府。看在胡佛眼裡，這簡直是囂張的挑釁行徑。和美國的敵人那麼接近，還敢涉足情報調查工作，掌握私人的網絡。胡佛當然討厭海明威，當然會派出幹員緊盯監視他。

五〇年代初，海明威就知道胡佛的ＦＢＩ在盯他，他不以爲意，甚至視之爲生活中的刺激調劑。不過到了五〇年代最後幾年，情況急遽改變。引發變化的主因，是他的身體狀況在一九五七、五八年開始惡化。海明威的家族有精神和血液上的遺傳病史。他的爸爸和一個弟弟、一個妹妹都死於自殺。海明威身上還帶著特殊的血液疾病，血中的鐵質無法及時充分氧化，因而血液中會累積過多的鐵，影響到血液的輸送。

他身上還有各式各樣的新舊傷勢、傷痕，來自打獵、鬥牛、拳擊和飛行。他喜歡的活動都是高風險的，最常跟在他身邊，和他最接近的人之中，有一個是他的拳擊教練，他的正式遺囑，就是這位拳擊教練在上面簽名見證的。福克納和海明威都熱愛飛行，福克納的飛機出過意外，摔死了他弟弟和他最要好的朋友。海明威的飛行意外，卻是將自己摔個半死。

到了一定年紀，所有新傷舊傷都回來找他。先是高血壓，接著是血液傳送不良，接著是腎臟出了問題，接著是肝臟出了問題，最終所有的問題都和他的精神問題互相連結，也進而惡化了他的精神問題。

更進一步挑戰他已相當脆弱的精神狀態的，是他和FBI的關係。他老覺得有人在監視他，覺得胡佛和FBI就在身邊隨時準備對付他。旁邊的親友，包括他的第四任太太瑪麗·海明威，從他這種疑神疑鬼的反應，判斷他有了被迫害妄想症的症狀，也就是精神分裂的前兆。這樣的判斷不能說沒有道理，然而問題在：海明威的確被胡佛和ＦＢＩ視爲眼中釘，ＦＢＩ眞的可能經常派幹員埋伏在他周圍，胡佛眞的可能準備發動摧毀他的攻擊。究竟什麼是現實，什麼是海明威精神失常的幻想？

海明威和瑪麗去紐約時，大約每隔三分鐘海明威就認爲自己看到了一個ＦＢＩ的幹員，便衣埋伏著。瑪麗當然不相信，當然擔憂海明威瘋了。可是後來解密的檔案告訴我們，瘋掉的不只是海明威。那一年，在紐約市一共有四百多個ＦＢＩ幹員，其中有十分之一，四十多個被胡佛下令派去嚴密監視海明威。海明威看到的衆多鬼影幢幢，或許有一部分是他幻想增添的，但恐怕還有蠻大一部分是眞實的。

但他卻因此付出了極大的代價。瑪麗被他的反應嚇到了，更加確信海明威精神錯亂，到處向朋友哭訴他的病癥，結果海明威一下子失去了妻子和朋友的基本信任。然後他又接受了《生活》周刊的邀請，要寫一篇關於鬥牛的文章。本來說好寫一萬字，然而完成的作品《危險之夏》（*The Dangerous Summer*），卻長達六萬字，那也是海明威在世時出版的最後一部作品。從一萬字增加到六萬字，可以想見海明威一發不可收拾的情況，他跑了一趟西班牙，做了各種調查，把自己弄得疲累不堪，把自己的精神狀況弄得更糟。

有一次，他和朋友吃晚餐，坐在窗邊，他抬頭剛好看到對街的銀行，本來已經打烊關門了，突然屋內亮起燈來，他就對朋友認眞地說：「你看，他們進到裡面去查我的帳戶了。」朋友嚇了一跳，問他：「你在那家銀行有帳戶嗎？」海明威想想，回答：「沒有。」但他還是堅持一定是FBI闖進去了，而且一定在做調查他的勾當。

到一九五九年，家人、朋友終於半哄半騙，送他進了位於明尼蘇達州的梅約醫院（Mayo Clinic）。這是一家不斷提出改革美國醫療服務模式的傳奇醫院，主張要從以醫生為中心的價値，改變爲以病人爲中心。然而在我們的故事裡，在海明威的生命歷程中，梅約卻是最終的悲劇力量。海明威在梅約被診斷爲罹患了嚴重的精神分裂症，應該接受電擊治療。我們的大腦基本上是一套極爲精細、複雜的微電系統，電流刺激不正常，人就有了不正常的感受與想法。電擊就是將部分的電路燒斷，抑制不正常的電流活動。然而，電擊的過程，多少神經通路都一併受了影響，病人看起來會平靜、安靜許多，因爲被電擊剝奪了很多與外界的感官連結，所以變麻木、變傻了。

那是肯·凱西（Ken Kesey）的小說《飛越杜鵑窩》（*One Flew Over the Cuckoo's Nest*）出版之前的時代。當然也是《飛越杜鵑窩》還沒有拍成經典電影的時代。肯·凱西的書是一九六二年出版的，海明威去世後一年。《飛越杜鵑窩》寫的是一個不羈叛逆的搗蛋鬼，爲了逃避坐牢，假裝自己是精神病患，被送進了精神療養院。在那裡，他和鐵腕嚴格管理的護士長起了衝突，不斷挑戰護士長權威。最後院方強制送他去做電擊治療，終於將他電成了一個乖乖不鬧事的，但也無法回應世界，白癡般的人。

這部小說，以及後來由傑克．尼克遜（Jack Nicholson）主演，得到奧斯卡金像獎最佳影片的電影，對美國的精神醫學產生了極大的衝擊，直接促成了精神醫學界廢除施行多年的電擊治療法。但可惜，海明威來不及等到這樣的變化。

眞的不難想見，像海明威這樣的人，抱持著如此積極戰鬥的生命態度，又有對於文字敘述反應敏銳的大腦，卻被帶去一次次做電擊治療，那是件多麼悲慘的事。從梅約回到愛達荷，回到他熟悉，有荒野圍繞的莊園裡，一九六一年七月二日，他將獵槍上膛，口含著槍口，扣下了扳機。

海明威之死的兩個意義

前面提過，瑪麗．海明威一直堅持那是槍枝走火的意外，不過從客觀資料上看，怎麼看都只能解釋爲自殺。只是海明威的自殺，和一般人以自我意志終止生命，不太一樣，因爲我們實在沒有把握，經過電擊他身上還留有多少自我意志。我們永遠無法知道，如果他的大腦沒有被改變改造，海明威還會自殺嗎？

海明威是那個時代最突出醒目的一個icon。從他過世的一九六一年，一直到一九八三年，二十二年間，他的作品年銷售總量，從來沒有低於七十五萬本。這是個紀錄，死去了這麼多年，持續維持驚人的銷量，海明威是第一人，可能也是唯一一人。

海明威之死，具備兩個完全相反，卻同等重要，甚至是同等迷人的象徵意義。一方面，他象徵了一個不服從的人，總是躁動抗拒的生命，不太將社會規約當一回事，這樣的人，就算活在一般印象中最自由最包容的美國，都得付出相應的代價。社會有各種方法將你孤立起來，直到你徹底失去了在這個世界裡繼續生存的動能與勇氣。

另一方面，海明威之死又象徵了不管再怎麼熱情、怎麼英勇的生命，其內在都有懦弱或脆弱之處，那是一種終極的、絕對的，與人的存在本源相連接的懦弱、脆弱。就連他的文學，都無法克服這份脆弱。即使英勇如海明威，也有其過不了關的脆弱。一種特別的說法是：上帝造人就不是預期人要去當海明威筆下的角色的。上帝沒有賦予人那份足以承擔海明威筆下角色的強悍力量。就連海明威自己都扮演不來他筆下的角色。

用不一樣的角度，我們會在海明威的作品中讀到不一樣的內容。看《老人與海》，你可能看到老人的堅持與戰勝大馬林魚，你也可能看到老人毫無所獲回到港口的悲哀失敗。你將海明威當成是一名勇者，無悔地以自己的個性面對並衝撞社會，因而付出代價，這是一種海明威。也許你將海明威看作是一個虛張聲勢假裝自己很強很勇敢，到頭來卻草草逃避了事的騙子，那也是一種海明威。神奇的是，不管看到哪一個海明威，你都不會要遠離他的小說作品，不會要束書不讀。當他是勇者也好，當他是騙子也好，你都能在他的小說中讀到和自己生命相關的強烈訊息，並持續為之心驚不已。

海明威大事紀

麥田編輯部／整理

一八九九年　七月二十一日，厄尼斯特．米勒．海明威（Ernest Miller Hemingway），生於伊利諾州的橡樹園鎮（Oak Park, Illinois）。父親是內科醫師，喜好打獵、釣魚、露營等活動；母親曾在紐約登台表演歌劇，從事音樂教學工作。他排行第二，上有一姊，下有四個妹妹及一個弟弟。

一九一三—一九一七年　就讀高中時，開始編輯校刊，曾以「Ring Lardner Jr.」爲筆名發表文章，運動與學業都相當出色。

一九一七—一九一八年　放棄就讀大學，以十八歲稚齡進《堪城星報》（*Kansas City Star*）擔任記者。他的簡潔文風即在此時建立。六個月後辭去記者職務，志願入營以參加第一次世界大戰，卻因眼疾不合格，之後至紅十字會救護隊。

一九一八—一九二一年　一九一八年七月八日於義大利米蘭運送補給品時受傷，住院期間與女護士相戀。這段經驗被他寫入《戰地春夢》（*A Farewell to Arms*）。大戰結束後，一九二〇年至加拿大多倫多擔任記者。一九二一年與海德莉（Elizabeth Hadley Richardson）結婚。

一九二二年 拿著小說家舍伍德·安德森（Sherwood Anderson）的介紹信舉家前往巴黎，結識了現代主義美國作家葛楚·史坦（Gertrude Stein）。

一九二三年 出版詩文集《三個故事與十首詩》（*Three Stories and Ten Poems*）。第一個兒子約翰出生，葛楚·史坦是他的教母。

一九二五年 出版短篇集《在我們的時代》（*In Our Time*）。結識費茲傑羅（F. Scott Fitzgerald）。巴黎時期的生活可參見他死後出版的回憶錄《流動的饗宴》（*A Movable Feast*）。

一九二六年 出版第一部長篇《妾似朝陽又照君》（*The Sun Also Rise*，或譯《太陽照常升起》、《旭日依舊東升》）。

一九二七年　與海德莉離婚，同年與記者寶琳（Pauline Pfeiffer）結婚。出版《沒有女人的男人》（*Men Without Women*）。

一九二九年　出版《戰地春夢》。

一九三二年　出版《午後之死》（*Death in the Afternoon*）、《雪山盟》（*The Snows of Kilimanjaro*）。

一九三三年　出版《勝利者一無所獲》（*Winner Take Nothing*）。

一九三五年　出版《非洲青山》（*Green Hills of Africa*）

一九三七年　到西班牙報導西班牙內戰。出版《富有與匱乏》（*To Have and Have Not*）。

一九三八年　與女作家瑪莎（Martha Geilhorn）相戀。

一九四〇年　出版《戰地鐘聲》（*For Whom the Bell Tolls*）。與寶琳離婚，與瑪莎結婚。

一九四四年　與瑪莎離婚，與第四任妻子瑪麗（Mary Welsh）結婚。

一九五〇年　出版《渡河入林》（*Across the River and Into the Trees*）。

一九五二－一九五四年　《老人與海》（*The Old Man and the Sea*）於一九五二年出版，一九五三年獲得普立茲獎，一九五四年獲得諾貝爾文學獎。

一九六一年　七月二日在愛達荷家中自殺身亡。